오노레 드 발자크

오노레 발자크 ⋯⋯⋯⋯⋯⋯⋯⋯⋯⋯⋯⋯⋯⋯⋯ Honoré de Balzac로 생을 ⋯⋯⋯⋯⋯ 글쓰기로 자신의 모든 것을 증명했다.『올빼미 당원』을 발표한 이래 사망할 때까지 총 90여 편이 넘는 소설을 집필했으며 익명으로 쓴 작품까지 합하면 그 수를 다 헤아릴 수 없다. 그의 삶은 "나는 나 자신의 주인인 동시에 나 자신의 하인이기도 했다"라는 고백만으로도 짐작된다. 첫 작품『크롬웰』의 처절한 실패 이후 익명으로 통속소설을 쏟아냈고, 이후 소설보다 저널리즘이 돈이 된다고 생각하여 문학 판을 떠나기도 했다. 인쇄업, 출판업, 활자 주조업 같은 사업에 도 손을 대나 실패하여 막대한 채무에 시달린다.

발자크 필생의 역작『인간희극』은 사실주의 문학의 정수로『골짜기의 백합』,『고리오 영감』,『환멸』등 국내에도 다수의 작품이 소개되었으나, 인간 생리를 날카롭게 꿰뚫는 르포르타주에 대한 연구는 여전히 부족하다.『공무원 생리학』과『기자 생리학』(원제는 '기자들')은 작품 연보에도 잘 나와 있지 않은, 독자들에게는 생소한 소품이지만 발자크 특유의 풍자와 통찰, 촌철살인으로 빛나는 역작이다. 오늘날 공무원과 정치인, 기자와 평론가는 많은 이가 선망하는 직업인 동시에 사회적인 악이 될 수 있다는 양면성을 지니고 있다. 19세기에 이미 발자크는 이를 간파한 것이다.

공무원 생리학

공무원 생리학

Physiologie de l'Employé

오노레 드 발자크 지음

류재화 옮김

페이퍼로드
paperroad

일러두기

· 이 책은 Honoré de Balzac, *Physiologie de L'Employé*, 1841을 우리말로 옮긴 것이다.

· 발자크 작품 특징인 풍자의 미학을 살리기 위해 의도적인 동어 반복과 반점 하나까지 원서를 그대로 따랐습니다.

· 모든 주는 옮긴이 주입니다.

차례

제1장

정의定意

공무원이란 무엇인가? 어느 직급에서 시작해서 어느 직급에서 끝나는가?

　1830년[1] 정치 개념에 따르면, 공무원 계급은

---

[1]　이 작품은 외젠 들라크루아의 그림 〈민중을 이끄는 자유의 여신〉을 상상하며 읽어도 좋을 것이다. 프랑스는 나폴레옹 몰락 이후 1814년부터 1830년까지 왕정복고 시대를 겪는다. 루이 18세는 혁명 원리와 절대 왕권을 혼합한 입헌군주 헌장을 공포했으나 앙시앵 레짐(구체제)으로 돌아가려는 퇴보적 경향을 보였다. 게다가 샤를 10세는 시민계급을 완전히 무시하는 내용으로 선거법을 개정했다. 이에 파리 시민과 노동자는 총궐기의 깃발을 올렸다. 이를 1830년 7월 혁명(3일 동안 일어난 봉기로 '영광의 3일trois glorieuses'이라 부르기도 한다)이라 한다. 하지만 결과적으로 보면 부르봉 왕조의 후손이면서 루이 16세의 처형에 찬성한, 오를레앙 공작 루이-필리프를 다시 왕위에 앉힌 것에 불과했다. 여전히 프랑스 국민은 투표권을 갖지 못했다. 이후 1848년 2월, 선거법 개정을 촉구하는 총궐기가 일어난다(2월 혁명). 이후 프

7

관공서 수위는 포함하지만, 장관에서 끝나지 않는
다. 코르므냉" 씨는 프랑스 국왕이 1천200만 프랑
의 급료를 받는 공무원이라는 사실을 인정하는 듯
보인다. 오, 세비'''의 은총 있으라! 다만 국왕은 거
리 한복판에서 인민에 의해, 그리고 의회의 투표에
의해 당장 직위 해제될 수 있는 자다.

랑스는 다시 제2공화국을 맞이하지만 산업사회가 태동함과 동시에 혁명적
공화정신은 과거의 유산이 되어버린다.

II 코르므냉(Louis Marie de la Haye, Vicomte de Cormenin, 1788~1868): 법학자
이자 법률가이고 문인이며, 정치인이다. 1831년, 세비 목록과 그 정책을
다룬 『세비에 관한 문건Les Lettres sur la liste civile』을 출간했다. 10년
동안 총 25쇄를 찍은 이 책 덕분에 루이-필리프 왕정 세비가 그나마 1천
200만으로 줄었다고 알려져 있다.

III 세비(歲費)란 국가 기관에서 한 해 동안 쓰는 총 경비를 뜻하는데 프랑스어
로는 'La liste civile'이라고 한다. 통치 체제를 운영하는 데 있어 필요한 인
력에 소요되는 경비로 국가 예산의 중요한 부분을 차지한다. 이 세비 개념
을 처음 만들어낸 것은 영국으로, 본국 영국 및 캐나다, 뉴질랜드 등 영국
식민지 전반에서 국가 운용 개념으로 쓰였다. 프랑스에서는 1790에 이
개념이 처음 등장했다. 앙시앵 레짐 시대에는 없던 것이 훗날 왕정복고 이
후 등장함으로써 이제 군주의 자산과 국가의 자산을 구분하기 시작했다. 발
자크의 이 『공무원 생리학』은 바로 이렇게 달라진 시대적 인식을 배경에 두
고 있다.

프랑스의 모든 '정치기계'[IV]는 300프랑[V]을 받는 도로 인부나 산림 감시원부터 1천200만 프랑을 받는 치안판사 사이이다. 그리고 1천200프랑을 받는 관공서 수위부터 1천200만 프랑을 받는 국가원수 사이에서 작동한다. 이런 숫자 사다리를 기준으로 권력을 가진 자와 의무를 가진 자, 나쁜 대우를 받는 자와 좋은 대우를 받는 자가 결정된다.

자, 이것이 바로 돈 이외에는 아무것도 믿지 않고 세법과 형법에 의해서만 존재하는 이상적인 사회의 아름다움이다.

그러나 이 생리학[VI]은 정치 원칙에 있어 상당히

IV   정치기계(La machine politique): 정치를 작동하는 메커니즘이라는 비유적 표현으로, '기계'라는 단어는 산업 및 과학의 진일보가 이뤄졌던 19세기에 비유적으로 많이 쓰인 표현이다.

V   프랑(Franc): 14세기 때부터 사용한 프랑스의 화폐단위로, 이후 네 차례의 화폐 개혁을 통해 1803~1928년 '프랑 제르미날'(Franc germinal)에 이르렀다. 바로 앞선 시기인 혁명기 때(1795~1803)는 '혁명 프랑'(Franc révolutionnaire)을 썼다. 현대, 즉 1963부터 2001까지 사용된 FRF(프랑스 프랑)이고, 2001년부터는 '유로'(Euro)가 통화이다. 1유로는 대략 6.5 프랑으로, 1프랑은 당시에 빵 하나를 사 먹을 수 있는 정도였다.

VI   생리학(Physiologie): 여기서 '생리학'은 자연과학에서 쓰이는 개념이라기보

높은 도덕관을 가지고 있기에 위와 유사한 교리를 인정하려 들지 않는다. 코르므냉 씨는 양심이 있고 두뇌가 있는 양반이지만 참 나쁜 정치인이다. 그나마 그의 풍자문이 해낸 어마어마한 선행 때문에 그를 용서해줄 수 있을 것이다. 세비를 받는 것만큼 몰상식한 일이 없다는 것을 그가 탁월하게 반증했으니 하는 말이다. 이제 프랑스와 나바르[VII]의 왕은

단 19세기 프랑스 사회 전반을 풍미한 장르를 의미한다. 특히 1840년부터 약 2년간 삽화가 들어간 문고본이 사회적으로 대유행이었다. 이 책은 사회적 직업 및 계층, 계급을 통해 여러 인물상을 묘사하고 풍자함으로써 다양한 사회현상을 통찰했다. 이때, 제목에 생리학이 들어간 우스꽝스럽고 기발한 다양한 글이 발표되었으며, 당대 부르주아와 파리지앵이 단골소재로 등장했다. 이 생리학 시리즈는 발자크뿐만 아니라 여러 작가가 시도했는데, 가볍고 쉽게 쓸수록 대중의 인기를 끌었다. 발자크 생리학 시리즈는 특유의 풍자와 다소 과장된 수사법으로 재미를 유발하긴 했으나, 사회를 보다 심도 있게 분석했기에 일반 독자가 재미로만 읽기에는 어려웠다.

VII 나바르(Navarre): 나바르 가문은 중세 때부터 왕가를 연 명문 집안으로, 특히 16세기 종교전쟁의 갈등을 해결하기 위해 등장한 앙리 드 나바르가 대표적인 인물이다. 그는 앙리 4세(치세 기간 1589~1610)에 등극하면서 발루아 왕조를 끝내고 프랑스 부르봉 왕조를 연다. 오늘날 포르투갈, 스페인 일대를 비롯해 프랑스 북부에 해당하는 이베리아반도 지역이 나바르 가문의 주요 거점이다. 여기서 특별히 나바르가 지목된 것은, 프랑스 국왕을 지칭하는 정식 명칭이 '프랑스와 나바르 왕'(Roi de France et de Navarre)이기 때문이다. 그런데 1830년 7월 입헌 왕조의 등장과 함께 이 칭호의 사용은 종결된다.

가신들에게 자기 일을 그냥 맡길 수 없을 것이다. 제대로 된 봉급은 아니어도 약간의 땅이라도 줘야 한다.

따라서 공무원을 최상으로 정의하면 다음과 같다.

살기 위해 봉급이 필요한 자, 자신의 자리를 떠날 자유가 없는 자, 쓸데없이 서류를 뒤적이는 것 외에 할 줄 아는 게 없는 자.

그런데 이런 질문이 갑자기 나온 것은 아니다. 공무원을 이런 식으로 정의한다는 것은, 인간과 자리를 조합하는 데 있어 상당히 미심쩍은 게 있다는 말이다. 물론 프랑스 국왕은, 저명한 코르므냉 씨가 암묵적으로 주장한, 그런 공무원이 될 수 없다. 적어도 국왕은 권좌를 떠날 수 있기 때문이다. 세비 없이도 지낼 수 있기 때문이다. 술트 원수[VIII]는 프랑

1833년 11월 30일 나바르 왕국은 멸망하고 아주 작은 지방으로 축소된다.

VIII 장드디외 술트(Jean-de-Dieu Soult, 1769~1851): 프랑스 군인이자 정치인으로, 나폴레옹의 신뢰를 받아 승승장구했다. 훗날 프랑스 7월 왕조 시기에 전쟁장관(국방부 장관)을 지내는 등 주요한 역할을 맡았으며 루이-필리프 왕

스 고위 장성들의 정치적 상황을 충분히 걱정하면서 이를 공개적으로 피력했지만, 이 대大장군의 능수능란하지 못한 연설 솜씨로는 충분히 설득할 수 없었다.

물론, 군인은 공무원이 아니다. 자리를 떠나고 싶지만 떠날 수 있는 자리도 별로 없다. 일은 많이 하는데 소총 같은 무기 말고 손에 만져본 쇠붙이는, 그러니까 '쩐'錢은 너무 없다.

이 악의적 비평에 따르면, 공무원은 사무용 책상에 앉아 온종일 뭔가를 끼적이는 자다. 사무용 책상은 한마디로 그가 사는 알껍데기이다. 공무원이 없으면 책상도 없다. 그런데 업무 차원에서 보면, 세관원은 중립적 존재이다. 반은 군인이고 반은 공무원이기 때문이다. 양쪽에 책상과 무기를 두고 그 중간쯤에 서 있는 셈인데, 어찌 보면 딱히 군인도, 공무원도 아니다.

으로부터 '프랑스 총원수'(maréchal général de France)라는 유일무이한 칭호를 받았다.

그러면 공무원은 어디서 끝나는가? 중차대한 문제가 아니라 할 수 없다!

도지사는 공무원인가? 이 생리학은 그렇다고 보지 않는다.

명제 1

공무원은 어디서 끝나고, 정치인은 어디서 시작하는가?

지사들 가운데 정치인은 그다지 많지 않다. 지사는 국가 지도자의 위계질서에서 중간항에 속한다고 조심스레 결론지을 수 있다. 세관원이 시민인 동시에 군인인 것처럼, 다시 말해 중간항인 것처럼 지사는 공무원과 정치인 사이에 있기 때문이다.

계속해서 이 차원 높은 문제에 대한 답을 찾아보자. 수학 명제처럼 도식화해 보면 좀 더 쉽게 풀릴 수도 있을 것이다.

명제 2

봉급이 2만 프랑을 웃도는 공무원은 없다.

파생 명제 1

정치인은 최고 대우의 봉급을 받는 자다.

파생 명제 2

청장도 정치인이 될 수 있다. 바로 이래서 의회 의원은 이런 말을 하는 것이다. "청장이 되는 게 훨씬 낫겠군."

청장 네 명이 장관 한 명 몫을 한다.

공무원은 내부에서 실장까지 올라가야 끝난다. 따라서 이건 아주 잘 제기된 문제라는 걸 알 수 있다. 그 어떤 불확실성도 없기 때문이다. 규정될 수 없을 것 같던 공무원이 얼마나 잘 규정되는가.

공무원이 된다는 것은 정부를 위해 일한다는 의미이다. 가령 티에르 씨[IX]처럼 공무원이 되는 게

IX   마리 조제프 루이 아돌프 티에르(Marie Joseph Louis Adolphe Thiers, 1797~1877): 프랑스 제3공화국 제2대 대통령을 지낸 인물이다. 그는 교양과 야망을 지닌 지식인이자 언론인으로 10권에 달하는 『프랑스 혁명사』를 쓰기도 했다. 발자크 소설 『고리오 영감』의 주인공 라스티냐크의 모델이 된 인물이기도 하다. "부르봉 가를 헌장 안에 가둬야 한다. 아니면 마구 날뛸 것이다"라고 하며, 부르봉 가문의 정치를 열렬히 비판했다. 탈레랑과 은

아니라 이들을 고용하는 자가 되기도 한다. 이렇듯 솜씨 좋은 기계공이 바로 정치인이다.

프랑스 언어나 학예에 조금이라도 관심 있는 사람이라면 알 수 있을 것이다. 여전히 직장의 우두머리는 고용된 직원이지만, 행정부 집무실의 우두머리는 관료, 그러니까 공무원이라는 것을.

이제 프랑스어 단어 '뷔로'Bureaux*에 사무실부터 사무국, 집무실, 부서까지 이렇게 복잡 미묘한 수많은 의미가 중첩된 배경을 이해하게 될 것이다.

행가 라피트의 지원을 받아 『르 나시오날』을 창간했고 개혁 정신을 추구하는 젊은이들은 이 신문을 열독했다. 1830년 7월 혁명 때 루이-필리프를 국왕으로 옹립하는 역할을 한 이후 승승장구한다. 재무부 차관, 내무부 장관, 총리 등을 지내다 1848년 2월 혁명으로 루이-필리프 왕조가 몰락하자 1851년에는 나폴레옹 3세의 쿠데타를 지원한다. 한동안 정계를 떠나 집필 활동만 하다가 1870년 보불전쟁이 발발하자 다시 정계에 복귀하고, 1871년 파리 코뮌 당시 시민 반란을 진압하고 종국에 프랑스 제3공화국 대통령에까지 오른다. 생기발랄하며 융통성 있는 자세로 루이-필리프 왕정의 실권자였지만 좌익과 우익을 왔다 갔다 했던 인물이다.

X   Bureau: 사무용 책상이라는 의미의 남성 명사. 여기서 발전해 사무실 또는 집무실이라는 뜻이 있다. 훗날 비능률과 보신주의, 비밀주의, 파벌주의 등의 관료주의적 관행이나 폐해 및 악습을 의미하는 '뷔로크라시'(Bureaucratie)로까지 의미가 파생되었다.

판사는 웬만해선 파면당하지 않으므로, 하는 일에 대한 합당한 대우를 받지 못한다. 하지만 그가 공무원 사회에 포함되는지는 미지수다.

이제 정의는 그만하기로 하자. 루이 18세 시대에 유명한 그 단어를 풍자하기 위해 다음 명제를 꺼내 보자.

명제 3

공무원에 대해 정의할 필요는 있지만,

요지가 흐려질 수도 있다.

제2장

입증된 공무원의 유용성

요리할 재료를 다 키질하고, 껍질을 벗기고, 잘라났는데 다른 문제가, 역시나 정치적인 문제가 대두될 수 있다. 공무원이 도대체 뭐에 소용되는가 하고 말이다.

왜냐,

만일 공무원이 쓸데없는 서류나 뒤적거리면서 작성할 뿐 달리 하는 일이 없다면, 사람으로서 아무런 가치가 없어야 한다. 그런데 꼭 그렇지 않다는 것이다.

오, 관료주의에 찌든 원수들이여! 공무원 스스로 이렇게 될 공산이 크면서, 언제까지 이런 하나마나 한 말을 하고 다닐 텐가?

　수나사, 암나사, 못, 쇳대, 똬리쇠, 쇳조각 같은
것을 하나하나 주워 모을 때는 그 어떤 가치도 보지
못하지만, 기술공이라면 속으로 이렇게 말할 것이
다. '하찮은 물건이어도 이것 없이는 기계가 안 돌
아가지.'

　우리 시대가 마음에 들어 할 만한 산업에서 끌
어온 비유이다. 이는 공무원의 종합적 유용성을 충
분히 잘 설명해준다. 근대 국가 사람들은 숫자를 통
계적인 것으로 여기고 유치하게 숫자를 좋아했다.
계산하려면 숫자를 사용해야 한다. 그렇다면 한번
계산해보자! 숫자는 사익 및 돈에 기반한 사회에서
늘 그럴 법하다고 추정되는 바다. 얼마나 숫자를 좋
아하냐면 정부를 구분할 때도 3월 1일 정부, 10월
29일 정부, 4월 15일 정부 이렇게 부른다. 약간의
숫자가 들어가면 **'정보 덩어리'**가 있는 듯 보이나 보

다. 그래서인지 우리 국가 지도자들께서는 모든 게 숫자로 해결되는 줄 안다. 그러면 우리도 통계를 내 보자!

프랑스에는 대략 4만 명의 공무원이 있다. 여기서 임금 노동자를 추려보자. 예컨대 도로 보수 인부, 거리의 청소부, 담배 마는 여자들은 공무원이 아니다. 이들의 평균 월급은 1천500프랑이다. 유럽, 중국, 러시아의 경우, 더 나아가 오스트리아나 미합중국 등을 살펴봐도 대개 공무원들은 약간의 돈을 훔친다. 그런데 프랑스는 겨우 이 정도 주면서 꼬치꼬치 캐고 샅샅이 뒤지고 꼼꼼히 따지는 나라이다. 엉터리 삼류 작가 같은 자들, 쓸데없이 서류 만들기를 좋아하는 자들, 목록 만들기 좋아하는 자들, 통제하기 좋아하고 검사하기 좋아하고 정성들여 뭐든 꾸미기 좋아하는 자들이 가장 많은 나라이다. 과거, 현재, 미래를 통틀어 정부 당국의 가사 및 청소를 담당하는 하녀들이 가장 많은 나라이다. 이들은 절대 과소비하지 않는다. 프랑스에서 일하는 한 1상팀"도 제 주머니에 넣지 못한다. 돈을 받을 때마다 일일이 문서를 제출해야 하는데 이때 동전 하나하나 증명해야 한다. 상황별로 문서를 다시 작성해야 하는 것은 물론이고, 해당 영수증을 발행해야 한다. 신청서 및 영수증은 전부 장부에 기록해야 하는데, 이때 안경 쓴 자들이 눈을 동그랗게 뜨고 치밀하게 검사한다. 조금만 형식이 틀려도, 공무원은 기겁한다. 행정에 있어 모든 것을 세심하게 살피는 태도가 습관이 된 공무원들은 이런 태도를 늘 견지해야 한다고 생각하고, 또 이를 애지중지한다. 그들만의 고유한 유용성을 확인하기 위해 이를 다시 확인하는 게 행복할 따름이다.

그런데 지구상에서 사상의 힘이 가장 넘치는 프랑스가 이것만으로 충분할까?

이들은 파리 오르세 강변에 로마의 콜로세움 같기도 하고 거대한 닭장 같기도 한 건물을 하나 올

II 1상팀(centime): 프랑스와 벨기에, 스위스의 화폐단위로 1상팀은 1프랑의 100분의 1이다.

렸는데, 세계에서 유일무이한 재판소를 지은 것이다. 그리고 거기다 최고 판사들을 집어넣었다. 법관들은 그곳에서 온종일 행정 부처의 관료 역할 및 기능을 감독하기 위해 온갖 서류를 살핀다. 무관세 통관 허가증, 지급명세서, 납세 영수증, 지출결의서 등 공무원이 작성한 모든 서류를 검토한다. 진중한 판사들은 성격이 꼼꼼한데다 연구와 탐색이라면 천부적인 소질이 있으므로 스라소니의 눈으로 계좌 내역을 투시한다. 누락이나 사취가 있는지 찾아내기 위해 더하고 빼기를 다시 하는 일도 마다하지 않는다. 숫자에 온몸을 다 바치는 이 숭고한 희생 덕분에 2년 후, 한 경리관이 2상팀을 누락한 사실을 밝혀내기도 했다.

오, 프랑스여! 세상에서 가장 이성적이고 사상적인 나라, 누가 널 정복할 수 있으리! 아니, 널 속일 수 있으리? 으아, 결코 속일 수 없을 것이다. 그댄 정말 여인 같구나.

그리하여 프랑스는 지구상에서 서류를 뒤적거리는 나라 가운데 가장 깨끗한 나라가 되었고 도둑

질은 일절 불가능하게 되었다. 프랑스에서 공금횡령은 꿈에서나 가능한 일이다.

오! 운도 좋지. 납세자들은 걱정할 것 없이 편히 잠들면 된다. 당신이 만약 1프랑이라도 더 냈다면, 초대 국세청장 바르트 씨는 명확히 잘 보지 못했다는 이유로, 심지어 더는 자신을 '숯 굽는 사람'[III]으로 보지 않는다는 이유로 고소당할 수 있기에 이 1프랑을 돌려보낼 것이다. 당신은 그걸 되찾을 수 있을 것이다! 그러니 다시 한번 말하는데, 편히 잠드시라.

여기서 생리학은 아름다운 프랑스의 모든 산업인과 상인을 비롯해 소매상, 독점가, 경작인, 청부업자만이 아니라 지구상의 다른 나라, 같은 직업인을 향해 하는 말이다. 왜냐하면 이 책은 과학적 유용성을 드러내고자 하기 때문이다. 부드러운 레이스 천 안에 납 알갱이를 집어넣고자 하기 때문이

III   Carbonaro: 이탈리아어로 '숯을 굽는 사람'이라는 뜻이다. 숯 장수는 사회 최하층을 의미한다. 이 단어에서 파생한 비밀 결사체도 있는데, 19세기 초 이탈리아 자유주의 애국 비밀결사체를 '카르보나리'라고도 한다.

다. 수완 좋은 협상가는 어떻게든 자기 생산물이나 자본에서 5퍼센트 이상의 이득이 보장되어야 그나마 기쁘게 깊은 구렁으로 들어간다. 이것은 이른바 '유출'[IV]을 막는 것이다. 두 세계의 모든 산업인은 이 비슷한 협약에 서명한다. 일명 '유출'이라 불리는 악의 화신과 함께 말이다. 그런데 프랑스는 120억의 수입이 있으면 지출도 그만큼이다. 금고에 120억이 들어오면 그만큼 나가게 되어 있다. 24억을 만지면 '유출'이 없는 것처럼 보이기 위해 그 2.5퍼센트인 6천만을 지불하는 식이다.

낭비는 도덕적으로나 법률적으로 용인될 수 있는 사안이다. 다만, 각 부처끼리 서로 공모하면 된다. 그러면 낭비도 법적으로 문제가 없다. '유출'을 하려면 시급하지도 꼭 필요하지도 않은 공사를 하면 된다. 철로를 놓는 대신 기념탑을 세우거나, 마차를 끄는 말들의 마구를 새로 달아주면 된다. 아

IV   Coulage: 주형에 액체를 붓고 형을 뜨는 행위를 뜻하는데, 무언가가 흐르면서 유출되고 도난당한다는 의미로 파생되었다.

주 비싼 목재를 사주려면 일단 선박 건조부터 주문하면 된다. 실제로 전쟁을 하지는 않지만 전쟁 준비를 하면 된다. 아니면 상환이나 배상은 요구하지 않고 대상국의 빚을 갚아주면 된다. 아무리 많은 '유출'이 생겨도 공무원과는 상관없는 일이다. 국가의 경영이 잘못되면 그건 정치인의 잘못이다. 풍뎅이가 자연사를 가르치는 건 아니듯 공무원이 나랏일을 한다고 해서 모든 책임이 공무원한테 있는 것은 아니다. 잘못을 인정만 하면 된다.

여기서 너무 행정부 편을 들어주는 것처럼 비친다면, 그건 순전히 공무원의 비참함에 마음이 흔들려서다. 언론의 공격을 받고 의회의 공격을 받는데도 중앙집권화! 관료주의! 이런 말이 끊이지 않고 나오는 것도 그 때문이다.

분명, 관료주의에는 잘못이 있다. 느려 터졌고 무례하다. 참신한 기획을 방해하고 진보를 더디게 한다. 하지만 프랑스 관공서는 놀라우리만치 쓸모가 있다. 모든 종이 업체를 먹고살게 해주기 때문이다. 마치 일 잘하는 하녀처럼 좀 못살게 굴어도 언제든 우리한테 지출을 하기 때문이다.

　　우리 정치 요리책에는 6천만 프랑이 든다. 경
찰 인력에는 그 이상이 든다. 우리 걸 누가 훔쳐 가
지 말란 법은 없다. 법원, 교도소, 치안 다 그만큼
비용이 들지만, 그들이 우리에게 돌려줘야 하는 건
없다. 따라서 관공서 만세! 그리고 그들의 당당한
보고서도 만만세!

제3장

공무원의 철학적 역사와
초월적 역사

당신들은 초록 커튼 아래, 작은 요람 속에 있는 사랑의 결실을 바라보며 생각할 것이다. 출생신고도 세례도 마쳤으니 이제 무엇이 남았지? 그래, 아이의 장래를 걱정할 일이 남았군.

그런데 만일 그대가 아이에게 물려줄 연금이 없다면 어떡하지?

임대 토지 아니면 성업 중인 가게나 사무실, 공장, 아니면 특허출원이나 레그노 같은 유명 면요릿집, 그것도 아니면 신문사라도 물려주면 좋은데, 그마저 없다면 어떡하지?

만일 그대에게 동산이나 부동산이 없다면 가

장 큰 사회적 가치 가운데 하나인 이름을 물려주면 좋은데, 이것도 없다면 어떡하지? 아니면 이 모든 것을 대체할 만한 재능이라도 있으면 좋은데, 이것도 없다면?

그렇다고 해서 제발 이런 원색적이고 처절하며 잔인한 말은 하지 마시기를. "우리 아이는 공무원이 될 거야!"

아, 나도 안다. 지금 이 시대에 행정직만큼 선망하는 게 없다는 것을. 고등학교에는 이런 꿈을 가진 아이들이 득실하다. 부모는 자식이 푸른 양복에 안경 쓴 공무원 신사한테 매혹되면 내심 좋아한다. 근사한 붉은 리본에 반짝이는 단추. 어떤 부서든 관청에서 몇 가지 감시만 하고 퇴근하면 한 달에 1천 프랑은 받을 수 있다. 때로는 바이런 경처럼 늦게 출근해 일찍 퇴근할 수도 있다. 휴식 시간이 몇 시간이나 되니 튈르리 공원을 산책하며 연애 사업을 벌이기도 하고, 약간 교만한 자세로 여기저기 다니며 공연이나 발레를 보기도 하면서 '최고 사교계'에 들어갈 수도 있다. 프랑스 정부가 그에게 준

봉급을 사교클럽에서 소비하면 국가에 되돌려주는 셈이니 공무원으로서의 직분도 다한 셈이다. 사실상 관료는 예쁜 여자들의 구애를 듬뿍 받는다. 지성 있어 보이는 그들은 관청에 종일 박혀 있지도 않는다. 이 아름다운 시절, 여왕도, 공주도, 또 원수의 사모님도 한때 이들에게 열정을 품었다. 특히나 아름다운 귀족 부인들은 영혼이 고매한 이자들과 열렬한 사랑을 나누기도 했다. 부인들은 이들을 보호하길 원했다. 왜냐하면, 보호란……. 참, 이건 좀 그냥 할 수 있는 얘기는 아니다.

명제 4

보호는 힘이 있다는 증거이다.

스무 살에 벌써 고위직으로 갈 수 있고, 최고 행정재판소 심의관이나 심리부 심사원이 될 수 있다. 지체 높은 가문 출신임을 즐기듯 황제에게 보고서를 제출할 수도 있다. 인생을 즐기면서 일도 할 수 있는 것이다. 모든 게 빨리 이뤄진다. 군대로 인력이 너무 쏠리다 보니 관청에는 사람이 부족하기도 했다. 이가 부러졌거나, 손이나 발에 부상이 있거나, 건강이 안 좋거나, 사시가 있으면 도리어 승진도 빨랐다.

평화가 유지될 때면 지망생이 두 배로 늘어난다. 귀족 가문이나 빈민 계층에는 황제[1]를 위해 복무하는 것은 거부해도 부르봉 왕가를 위해 힘쓰려는 자들은 상당히 많았다. 사촌부터 조카, 먼 친척까지 한 부대에 지원하는 경우도 있었다. 가령 브르타뉴 지방[2]에는 온 가족이 출동한 부대가 제법 많았고, 이들은 지방에서 파리 생제르맹으로 서서히 진출하였다. 당시 지원자가 세 배는 늘어났다.

바로 이때 자리를 탐하는 괴벽이 시작되었다.

---

[1] 여기서 황제란 프랑스 혁명군을 이끌며 승승장구하다 1799년 브뤼메르 18일 쿠데타(18 Brumaire)를 통해 정권을 잡은 나폴레옹을 암시한다.

[2] 프랑스는 혁명의 절정이었던 공포 정치 시기, 특히 루이 16세 처형 이후 혁명파 내에서도 분열이 일어났고, 특히 브르타뉴 지방에서는 반혁명파 또는 왕당파들이 결집하여 성직자의 재산을 몰수하고, 일방적이고 강제적인 혁명군 징집 등에 반대하며 반란을 일으켰다. 이들은 왕실 부대를 조직해 혁명 정부의 국민군에 대항했다.

모두가 괴벽이 들었다. 한 기발한 저자는 『청원의 기술』이라는 제목의 책을 출간하였고, 동시에 『채무를 갚는 기술』도 출간하였다. 우선 합법적인 야망을 만족시키기 위해 여러 자리를 만들어 놓아야 한다. 이어 그 자리를 두고 전쟁을 해야 한다. 자리 경쟁은 이렇게 합법화된다. 관료가 된다는 것은 세비에 손댄다는 것이고, 다시 말해 아무것도 안 하거나 해도 조금만 한다는 것을 뜻한다. 이제 의회는 신임자들의 적이 된다. 의회는 지출 경비를 감시하는 전문 조직을 만들고, '인건비 예산 삭감' 같은 제목의 장을 만든다. 치사하게 수당을 흥정하는 것이다. 비밀 경비를 위해 돈을 구해야 하는 장관은 직원들의 예산을 삭감한다.

나폴레옹 시절은 황금기였다. 그처럼 행복했던 시대는 이제 꿈이 되었다. 사람들이 일을 더 많이 하는 것도 아닌데, 일자리는 무자비하게 사라져 갔다. 공무원만 상대하는 법률 사무소가 생겨났고, 의원들에게 봉사하면서 쓰는 돈은 보이지 않는 돈이 되어버렸다.

오늘날은 자리 하나 얻는 데도 천 개의 행운이 있어야 한다. 천 명의 최고 권한자가 있기 때문이다.

다 세어보라고?

콩코르드 다리[III] 끝에 400명. 의회 내각은 늘 좌파와 우파로 나뉘어 영원히 반목하는 장면을 연출하곤 하는데, 그래서 이런 이름이 붙었다. 프랑스는 반목을 좋아한다(귀여운 명제다).

다른 300명은 투르농 가[IV] 끝에 있다.

튈르리 궁[V]에도 300명이 있다. 그러나 그 의지는 700명의 몫을 한다. 황제가 총애하는 자들 가운데 한 명을 골라 자리를 주기 때문이다. 그렇다고 루이-필리프가 나폴레옹보다 의지가 700배 많

III   현재 프랑스 국회는 콩코르드 다리 끝에 바로 면해 있다.

IV   파리 뤽상부르 공원의 남서쪽에 있는 보지라르 가와 투르농 가 사이에는 옛 파리 상원 건물이 있다.

V   튈르리 궁(Palais des Tuileries): 앙리 4세 시절부터 부르봉 왕가의 궁이었다. 1830년 루이-필리프 시절까지도 왕궁으로 쓰였지만, 1871년 보불 전쟁 때 불이 나 일부가 무너졌고 1883년에 완전히 무너져 더 이상 사용하지 않았다. 제3공화국 때부터 현재의 엘리제 궁이 대통령 관저가 되었다.

다는 뜻은 아니다. 오히려 같은 자리인데 권력이 700배 적다는 뜻이다.

만일 당신이 좀 경박한 집안의 사람이라면, 다음 사항을 늘 머릿속에 새기고 다닐 것이다. 국회에서는 한자리를 놓고 400개 이유가, 또 다른 동료 의회에서는 300개 이유가, 왕궁에서는 299개의 이유가 다투고 있다고 말이다.

명제 5

삼권 분립의 나라에서 한자리를 놓고 천 명이 경쟁하는 꼴이다. 공무원은 스스로 보호자가 되어야 할 뿐, 그러지 못할 경우 승진은 없는 셈이다.

한마디로 오드리[VI]는 당신에게 유일하게 자유로운 자리는 콩코르드라고 말할지 모른다.

당신이 정직하고 자긍심 넘치는 집안의 사람이라면 가장 경험이 많고 노련한 직무를 찾아볼 것

VI   오드리: 당시 파리 오페라 코미크의 배우로 유명했던 인물이다.

이다. 그러면 그 자리가 급료는 평균이고 승진도 평균이라는 것을 알게 될 것이다. 이 치명적인 평균이 바로 이 세계의 십계명이며 생명표다. 18세에 이러한 일을 맡았다면 서른이 되어서야 1천 800프랑을 받는다. 6천 프랑을 받으려면 50세는 되어야 한다. 그러려면 보고서는 샤토브리앙[VII]처럼 쓰고, 공문은 뮈세[VIII]처럼 쓰고, 회고록은 라마르틴[IX]처럼 쓰고, 통신문은 신동처럼 써야 한다.

정직하고 자긍심 강한 집안을 생각해보자. 한 인간으로 태어나 할 수 있는 걸 다해도 12년간 자

VII   프랑수아 르네 드 샤토브리앙(François-René de Chateaubriand): 프랑스 3대 산문가(샤토브리앙, 플로베르, 프루스트) 중 하나라고 불릴 만큼 뛰어난 문필을 자랑하는 19세기 프랑스 낭만파 문학의 선구자다.

VIII   알프레드 드 뮈세(Alfred de Musset): 19세기 프랑스 낭만파 시인이자 극작가. 프랑스의 바이런이라고도 한다.

IX   알퐁스 드 리마르틴(Alphonse de Lemartine): 19세기 프랑스 시인이자 정치가로 1848년 2월 혁명에서 주요한 역할을 했다. 1848년 2월 혁명의 장면을 그린 앙리 펠릭스 엠마뉘엘 필리포토의 그림에서 시청 앞 중앙에 서서 무언가 말을 하고 있는 남자가 라마르틴이다. 공화국을 상징하는 삼색기가 도처에 나부낀 가운데 급진적 극좌파를 상징하는 붉은 깃발은 물리치자는 뜻을 전하는 동작으로 묘사된 이 2월 혁명 그림은 훗날 프랑스 좌파의 내부적 분열을 전조한다.

유롭고 독립적인 경력을 가질 수 없다면, 그런 젊은 이는 서서히 무감각해지고 어느새 군 복무 시기도 지나 그저 자신의 능력을 즐기는 정도로만 살게 될 것이다. 자기 한계를 초월할 만큼 대단한 지성을 가진 건 아니어서 4만 5천 프랑에 몇 상팀 붙는 정도로밖에 자산을 못 만드니 결국 이것이 그의 최종 연금이 되는 셈이다. 물론 종신 연금은 아니다.

같은 기간이라면 식료품 상인은 1만 리브르*는 벌어야 한다. 그렇지 않으면 자산 및 부채 자료를 해당 기관에 제출하고 혁명을 일으키거나 상업 재판소를 주재하고 싶은 마음이 들 것이다.

베르사유 1킬로미터에 달하는 벽을 칠하는 화공이라면, 적어도 레지옹 도뇌르 훈장을 달거나 스스로 비록 무명이지만 위대하다고 자부심이라도 가질 것이다.

문인이나 뭐라도 가르치는 교사라면, 아니면

X   리브르(livre): 프랑스에서 1795년까지 사용된 화폐단위다.

기자라면 1천 줄을 쓰고 100에퀴[XI]는 받는다. 여기서 더 나아가 사회 생리학을 쓰거나 생트-펠라지[XII]에서 정해진 사물들의 질서가 못마땅하니 사물들의 무질서를 선언하는, 유광으로 번쩍거리는 팸플릿[XIII]을 쓸 것이다. 이로써 커다란 가치를 부여받으면 이제 정치인이 되는 것이다.

홍보업자는 외국을 견학하고 와서 프랑스 여행 수지를 높인다는 이유로 1만 프랑에 해당하는 여권을 얻는다.

노는 백수는 더 아무것도 안 한다. 뭐라도 하게 되면 결국 빚을 지게 되기 때문이다. 그러면 이

XI 에퀴(écus): 19세기에 사용하던 은화로 5프랑에 해당한다.

XII 생트-펠라지(Sainte-Pélagie, 1830~1848): 루이-필리프 왕조 기간 이 이름은 정치적 탄압의 동의어였다. 오늘날 파리 회교도 사당 바로 근처에 있는 한 성인의 이름을 딴 감옥이다.

XIII 팸플릿(Pamphlet): 프랑스어로는 '팡플레'로 읽는다. 프랑스에서는 우리가 흔히 쓰는 의미의 팸플릿(소책자)이 아니라, 하나의 문학 장르이다. 주로 정치인들을 향해 그들의 위선의 가면을 벗기듯 강력한 풍자와 비방, 중상모략, 조롱을 일삼았다(고대 로마 신화에 나오는 사티르 및 세네카 같은 로마 웅변가의 수사법에서 그 기원을 찾는다).

빚을 갚아줄 과부라도 찾아야 한다.

사제라면, 차라리 비기독교 국가로 나가 포교를 하면서 주교가 되는 게 훨씬 시간을 버는 일이다.

보드빌[XIV] 작가는 풍자희극을 쓰다가 이 실력마저 떨어져 작품을 전혀 못 쓰게 되면 극장주라도 하면 된다.

영리하고 검소한 소년이라면, 아주 적은 자본으로 어음할인을 시작하면 된다. 그러면 중개 수수료의 4분의 1은 번다.

서생을 하다가 공증인이나 잡화인이 되면 정기적으로 1천 에퀴는 벌 수 있다. 아무리 비천한 노동자라도 제조인이 될 수 있다. 오늘날의 문명은 이렇게 회전운동을 하며 직업을 무한히 계속해서 나누면서 진보한다. 당신의 자제는,

---

[XIV] 보드빌(vaudeville): 특별한 심리적 도덕적 주제를 갖지 않고 일종의 상황극처럼 만든 희극을 통칭한다. 극적인 요소에 약간의 시를 곁들여 읽고 중간에 노래를 부르거나 춤도 춘다. 19세기에는 노르망디 지역에서 불리던 풍속적인 내용이 주로 다뤄지면서 노골적이고 외설적인 소재를 즐겨 다루었다.

47

재단사나 장화 제조인과 싸우며

1인당 22수에도 살았다.

그건 아무것도 아니다!

빚에 비하면!

빚을 지면 '백치가 된다!'

애석하게도 가난한 집안에서 태어나 불행에 빠진 젊은이는 처지가 비슷한 사람에게 의지한다. 아니면 영향력 있는 의원이나 장관 세 명 또는 신문 두 곳에 의지하는데, 하나는 여당지이고 다른 하나는 야당지이다.

이 불행한 자가 하는 말은 틀에 박힌 상투적인 것뿐이다. 반면, 정직하고 자긍심이 강한 집안 출신은 허구한 날 같은 말만 반복한다.

명제 6

오늘날 가장 나쁜 상태[xv]는 바로 국가다!

왜? 아니, 이제는 국가에 복무한다는 게 상벌을 내리는 왕에게 복종하는 게 아니지 않은가! 오늘날 국가는 모든 다수에 의해 움직인다. 그런데 아무도 걱정하지 않는 다수에게 복무한다는 것은 그 누구에게도 종속되지 않는다는 의미이다. 따라서 공무원은 두 개의 부정 사이에서 산다. 동정도, 배려도, 가슴도 없는 세상, 친구마저 없는 세상! 사람은 다 이기적이기에 어제 한 일을 내일이면 잊어버린다. 결국 사람은 다 맹목적으로 변해간다. 땅에 구멍을 뚫는 자에게는 4천 프랑의 연금을 제공하면서, 뼈에 구멍을 내는 의료 기구를 만드는 학자에게는 2리야드도 제공 안 한다.

ÆBAULANT.

제4장

구분

독창성과 비참함은 함수관계다. 나뭇단 안에 나뭇단이 있듯 공무원 안에 공무원이 있다. 우리는 파리 공무원과 지방 공무원을 구분하기로 한다. 그렇다고 이 생리학이 지방 공무원을 완전히 부정하는 것은 아니다.

지방 공무원은 행복하다. 좋은 집에 살고 정원도 있으며 사무실에서도 대개 편안하다.

생수를 마시고, 말고기 안심은 먹지 않으며, 과일과 야채도 좋은 시장에서만 산다. 빚을 지지 않고 근검절약한다. 그가 뭘 먹고 사는지 정확히는 모르지만, '자기 봉급은 먹지 않는다'고들 말한다.

그는 행복하다. 존경받는다. 그가 지나가면 사람들이 다 인사를 건넨다. 결혼도 잘한다. 이제 부인과 함께 초대되고 여기저기서 찾는 인기인이 된다. 징세관, 지사, 부지사, 지방 장관 집에서 여는 무도회에 부부 동반으로 초대받는다. 다들 그가 어떤 사람인지 살핀다. 성격은, 기질은, 재산은, 지성은? 그가 없으면 다들 애석해한다. 마을 사람 모두가 그를 안다. 물론 그의 부인과 자식들에 대해서도 관심을 둔다.

뭔가 방도가 있으면, 그러니까 장인이 좀 여유가 있으면 그도 야회를 연다. 그러면 국회의원도 될 수 있다.

작은 마을에는 정탐꾼이 많기 때문에 부인은 모든 행동거지를 조심해야 한다. 파리에서 공무원을 하면 겪지 않아도 됐을 내적 불행이 있다.

공무원은 환경에 따라 성격도 바뀌는지 나중에는 그를 못 알아볼 수도 있다. 지방에서는 특히나 전적으로 변질되는데, 우리는 이를 익히 보아왔다. 포동포동한 볼에 말장난도 잘하고, 시도 때도 없

이 생글거리는 공무원이 있다. 그는 찬조금도 잘 내고, 음식 대접이며 잔치를 베푸는 등 그의 인생은 특별한 어려움 없이 잘 흘러간다. 그런데 도약을 위해 떠난 파리에서 이리저리 돈을 꾸다 무슈 디망슈' 같은 채권자를 만나니 이른바 현대극에 나오는 주인공이 되고 마는 것이다. 그러나 이 대담한 사나이는 난파당해도 물살을 거침없이 가르고, 날렵하게 물길을 헤쳐 물고기처럼 민첩하게 수영한 끝에 이제는 그동안 펼친 미덕만큼이나 악덕을 펼치다 마침내 낙타도 없이 인생의 광대한 사막을 건너고 나서야 한숨 돌린다.

여기서 생리학은 파리 공무원만 예외가 적용된다. 이 책은 주로 깃털 펜 계급을 다루는데, 호기심 가득한 이 깃털 포유류에게서는 특히나 편집증적인 습성과 본능 같은 것이 관찰된다. 그래서 이 생리학의 주제로 딱인 것이다. 이를 다시 표현하

I   몰리에르의 희곡 작품 『동 쥐앙』에 등장하는 채권자이다. 자유로운 방탕아 '동 쥐앙'은 빚을 갚지 않는데, 그는 돈을 받기 위해 찾아온 무슈 디망슈를 내실로 극진히 모시며 때론 "내 친구 중의 친구"라고 과장법을 쓰기도 한다.

면, '어떤 것의 본성에 관한 담론' 정도 될 것이다.
한편,

명제 7

지방 공무원이 '어떤 자'라면, 파리 공무원은 '어떤 것'이다.

그렇다, 식물이나 동물, 아니면 연체동물이나
꿀벌에게서 보이는 흔하면서도 드물고, 독특하면
서도 일반적인 아주 경이로운 그 어떤 것이다.

제5장

사무실

아름다운 양식과 고매한 사상을 갖춘 한 남자의 이름이 아름드리 서체로 꾸며진 성좌 아래 감춰져 있다. 그 안에는 이런 탁월한 문장이 쓰여 있다.

　"시골 사람들은 신경이 예민하지 않다고 하지만 자신도 모르는 사이에 예민해져 있는데, 스스로는 깨닫지 못하지만, 주변 분위기나 외부 요소에 따라 행동하는 것을 보면 그렇다고 할 수 있다. 자신이 사는 환경에 동화된 것이다. 자기도 모르게 이 환경이 고취하는 생각과 감정에 주입되어 그 구조와 성격에 따라 그들의 행동과 인상이 나타나는 것이다. 그래서 그 누구든, 아직 잘 알려지지는 않지

만, 이미 충분히 드러나 있는 이 생리학 부분을 읽
다 보면 자연스레 구미가 당길 것이다. 자연환경이
라는 외부 요소와 정신적 존재라는 내부 요소의 상
관성을 설명해줄 것이기 때문이다. 이 신비를 깨달
은 자는 곧 하나의 세계를 발견할 것이다."

　　만일 이 생리학이 어떠한 세계도 발견하지 못
한다면, 여러 신비를 밝혀줄 이 문장이라도 발견한
셈이다. 공무원에게 자연은 사무실이다. 그 앞에 놓
인 지평선은 경계석처럼 사방에 놓인 녹색 마분지
상자들이다. 자, 그의 주변 정황은 어떠한가. 복도
에서 나는 이상한 냄새와 통풍기도 돌지 않는 방에
서 나는 퀴퀴한 남자들 냄새, 그리고 종이와 서류,
깃털 펜 냄새 등이다. 그렇다면 그의 터전은? 바둑
판무늬, 아니 각각 따로 있던 파편들을 조합해 바닥
에 깔고 법랑을 발라 만든 사무실 바닥이다. 사무실
바닥은 사환이 간간이 물을 뿌려서 축축하게 젖어
있을 때가 많다. 그가 보는 하늘은 사무실 천장이
다. 그의 하품 속에는 먼짓가루가 끼어 있다. 한편,
이 문장을 쓴 작가는 시골 사람의 세계를 꿰뚫어 보

고 있지만, 이들을 관찰하는 그의 눈은 주로 이런 환경에 '동화된' 공무원에게 꽂혀 있다. 여러 저명한 의사는 야만적이면서도 문명적인 이런 공간이 여기서 지내는 사람의 정신에 어떤 영향을 미칠지 심히 걱정한다. 햇볕도 잘 들지 않고 회전목마 돌듯 늘 쳇바퀴 도는 일에 코를 들이박고 있지 않은가. 이른바 '사무실'이라 불리는 이 끔찍한 칸막이 속에서 종일 지내는 자들의 정신세계가 어찌 되겠는가 하고 말이다. (알다시피 이 말馬들은 죽어라 하품을 하다가 일찍 사망하기도 한다.)

철학가라면 파리 수위들이 2피에카레'도 안 되는 공간에서 어떻게 살아가는지 훤히 보여줄 수 있다. 그 좁은 데서 아내와 자식을 낳고 요리를 하고 신발도 깁고 강아지랑 고양이, 앵무새도 키우고 작은 텃밭도 가꾸며 살아간다. 그 어떤 사회든 '접대하면서' 말이다!

얼마나 많은 소매상이 그 끔찍한 고미다락과

I   표면적을 재는 단위이다.

중이층에서, 그러니까 항아리 표본병 같은 데서 살아가는가. 철학자는 이 지역 사람이 아니다. 그들이 만일 자선가라면 그곳에 사는 주민에게 왜 이렇게 죄인처럼 좁은 곳에 갇혀 사냐고 물을지도 모른다.

소매상도 이럴진대 공무원이 왜 그렇게 일찍 사무실로 나가고 싶어 하는지 알 것 같다. 7시간만 버티면 되는 데도 말이다. 건물 수위나 소매상은 더 끔찍한 상자 속에서 산다! 하지만 이 두 시민 계급의 정신적 장애와 육체적 장애는 끔찍한 통계를 고스란히 보여준다. 수위들은 임대인과 임차인 모두에게 반감이 있다. 아마 그 혐오감의 정도를 알면 깜짝 놀랄 것이다! 수위라면 본질적으로 혁명가가 될 수밖에 없다.

철학자라면, 약간 의사라면, 약간 생리학자라면, 약간 작가라면, 약간 행동관찰가라면, 약간 골상학자라면, 약간 자선가라면, 우리 시대 편집증의 산증인인 공무원의 정신상태가 심히 의심스럽다는 것을 인정할 것이다. 제3장에서 '백치로 만들다'라는 동사를 가지고 이미 언급한 것처럼, 몇 년 동안 사무실에서 똑같은 일만 하면 그런 불운한 자가 될 수밖에 없다. 다만 이 깃털 포유류가 이 직업으로 인해 백치가 되는 건지 아니면 태어날 때부터 약간 백치였기 때문에 이 직업을 택하는 것인지, 뭐가 더 맞는 건지는 알 수가 없다.

앞 단락을 쓴 저자를, 이 이유를 발견한 자를 흉내 내다보면, 한 세계를 발견할 수 있는데, 바로 이 행정 세계의 신비를 밝힐 수 있게 되는 것이다.

그에 따르면, 프랑스 행정부가 고안한 정말 바보 같은 병영 시설부터 정확히 묘사할 필요가 있어 보인다.

파리에 있는 거의 모든 관공서 사무실이 흡사하다고 이 무명의 저자가 말한 바 있다. 사소한 잘못에 대한 시정을 요구하거나 미약한 것이나마 청원하기 위해 관공서를 찾아 배회하다 보면 우선 들어가는 복도는 어둡고 사람이 나오는 출구도 조명이 별로 안 좋다는 것을 알게 될 것이다. 극장의 무대 뒤 분장실로 들어가는 문처럼 생긴 출입문에는

눈을 닮은 타원형 유리창이 달려 있고 그 창을 통해 호프만[II] 작품에서나 볼 법한 환상적인 장면을 보게 될 것이다. 청원자는 이제 뭐가 뭔지 도통 알 수 없는 표시를 읽어가며 따라가야 한다.

당신은 우선 해당 부서를 찾아가야 한다. 그러면 안내 사환이 있는 첫 번째 칸에 오게 된다. 이어 두 번째 칸으로 들어가면 하위직으로 보이는 사무소 직원들이 앉아 있다. 차장실은 보통 거기서 오른쪽이나 왼쪽에 있고, 그보다 더 안쪽이나 한 층 올라간 곳에는 국장실이 있다.

나폴레옹 시절 실장이라 불린 한 저명한 인물이 있는데, 나중에 왕정복고 시절이 되자 부장으로 불린다. 이어 다시 준準실장 또는 준準부장으로 불린다[III]. 이것이 오늘날에는 어느 쪽이든 그 하나로

II   호프만(Ernst Theodor Amadeus Hoffmann, 1776~1822): 독일 낭만주의 작가. 법률가이자 관료이며, 데생 작업을 하는 화가였고 음악에도 조예가 깊었다. 수많은 우화와 소설, 극작품을 남겼는데, 프티 부르주아의 실제 생활을 정확하게 알고 있으면서 아주 섬세하게 관찰하고 이를 거의 환상적으로 묘사하면서도 다소 동요하는 현실까지 표현하였다.

III   프랑스 공무원 직급 용어는 우리나라와 약간 차이가 있겠지만, 가령 여기서

불린다. 이런 고위직 집무실은 아래나 위에 두 개 혹은 세 개의 사무실이 배치되어 있다. 다시 말해 고위층 집무실은 맨 위 또는 맨 아래에 있던 셈이다. 때론 복도를 죽 걸어간 제일 안쪽 끝에 있기도 하다.

국장 집무실이나 실장 집무실(오늘날에는 이 가운데서 장래가 촉망되는 자가 나오는데 이들을 정치인이라 부른다)은 규모나 크기에 있어 구분된다. 벌집 구멍처럼 생긴 방에 각 부서가 들어가 있는 것이다. 지금은 모든 행정 부처를 총괄하는 총국은 거의 없고 다 분리되어 있다. 오늘날에는 이렇게 분리된 부처를 한 곳에 다 모아 놨는데, 각 부서의 구조는 거의 비슷하다. 이렇게 부처를 집결해놓으니 옛 명성은 사라지고 없다. 이전에는 관저가 따로 있고, 직원도, 살롱도, 접대실도, 연회실도, 작은 안뜰도 다 고유한

실장으로 번역한 것은 chef de division이고 부장으로 번역한 것은 direc-teur이다. 우리나라 공무원법을 참조하면, 고위 공무원은 3급 이상부터인데, 공무원 계급 서열 순서대로 하면 가장 높은 1급은 실장, 2~3급은 국장, 3~4급은 과장, 4~9급은 담당 등으로 불린다.

나름의 명성이 있었다.

　오늘날에는 재무부 건물에 도착해 3층으로 올라가는 사람이 산림부 청장인지 세무부 청장인지 알 수가 없다. 옛날에는 생-타부아 가나 생-토귀스탱 가에 국무장관급이 사용하는 근사한 관저가 있었는데 말이다. 파스키에 씨나 몰레 씨 같은 사람은 장관을 하다 청장이 된 것에 만족했다. 과거의 명성은 잃었지만, 청장이 되어 행정 범위가 훨씬 넓어진 것 말고는 고통이 그다지 크지 않았다. 하지만 이런 전직을 2만 프랑 받는 국무위원으로까지는 생각하지 않는다. 과거 권력을 그대로 상징하듯 기존 관복에 비단 스타킹과 반바지를 입은 경비병은 그대로 남아 있다. 이런 과거 유산이 그대로 남아 있는 것을 보면 전혀 개혁된 게 아니다. '군주는 떠났다!' 그러니 지금 위풍당당하게 있는 이들도 같이 떠났어야 하지 않는가!

　관공서에는 한 부서당 사환 한 명과 여러 명의 정원, 그 외 임시직 및 발송계원, 사무직 서기, 차장, 국장 등이 있다.

각 부서당 사무실은 하나나 둘, 또는 셋, 아니면 더 많을 수도 있다.

호칭은 행정 업무에 따라 달라질 수 있고, 사무관 대신 감사관을 둘 수도 있다.

사무실 바닥은 복도처럼 타일이 붙어 있고 벽에는 볼품없는 종이 벽지가 발라져 있다. 작은 난로가 있거나 급수대가 있는 곳도 있다. 사환은 검고 큰 탁자 앞에 앉아 있다. 탁자에는 깃털 펜과 잉크병이 놓여 있다. 대기자들이 찾아와 학처럼 다리를 나란히 하고 앉아 있는 매트 없는 긴 의자도 놓여 있다. 사환은 제법 편한 안락의자에 앉아 신발 바닥을 흙 먼지떨이 위에 놓고 쉬기도 한다.

일반 사무실은 빛이 제법 들어오는 큰 공간이고, 더러 마루판이 깔려 있다. 고위직이 있는 사무실에는 바닥에 마루판을 깔았고 벽난로가 설치되어 있으며, 서랍장, 가구, 책상, 아카주IV로 만든 탁

IV   아카주(acajou): 열대 지방에서 자라는 나무 이름으로, '아카주'라는 단어는 투피족이 쓰던 언어에서 유래했을 것이다. 주로 엷은 분홍빛에서 엷은 갈색, 또는 붉은색이 나는 목재로 프랑스에서 가구나 탁자, 의자 등을 만드는

자, 붉은색과 초록색으로 된 모로코산 안락의자, 거울, 비단 커튼 등 장식용 사치품이 있다. 사무실 난로는 연통을 달아 연기가 입처럼 생긴 굴뚝으로 나가게 해놓았다. 벽지는 초록색 아니면 갈색으로 통일되어 있고, 대부분의 탁자는 검은 나무색이다.

공무원은 각자 어떤 방식으로 병영 생활을 이어가는지 잘 드러난다. 추위를 잘 타는 사람은 발밑에 나무로 된 받침대 같은 걸 하고 있고, 담즙질에 이어 성격이 급하고 열이 많은 사람은 에스파르트 제품밖에 못 쓴다. 림프관이 허약한 사람은 외풍을 싫어한다. 사람들은 문을 여닫을 때 들어오는 바람을 싫어한다. 기온 변화가 두려운 허약 체질은 마분지로 일종의 작은 병풍을 만들어 둔다.

사무실마다 장롱이나 구석진 곳이 있는데, 여기다 작업복, 토시, 챙 모자, 그리스 투구식 모자, 그 밖의 도구나 연장을 놓는다. 나막신이나 이중 장화, 우산 같은 것이 놓여 있을 때도 있다.

주요 재질로 쓰인다. 영어로는 마호가니라고도 한다.

벽난로에는 물이 거의 채워진 항아리가 있고, 또 물잔이나 먹다 남은 점심이 놓여 있다. 어두운 곳에는 램프가 놓여 있다. 차장이 앉아 있는 작은 방은 문이 열려 있어 직원들을 감시할 수 있다. 일하면서 말을 너무 많이 하거나 회의를 한답시고 끼리끼리 모여 떠들지 못하게 눈치를 주는 것이다.

파리에서 단 하나의 사무실만은 이러한 공간 법칙에서 예외다. 바로 여권 발급처로 꼭 괴물이 나올 것처럼 기괴하게 생겼다. 마치 갤러리 같은 이곳에는 스무 명의 직원이 책상 하나를 앞에 두고 줄지어 있다. 세 개의 긴 의자에는 민간인들이 착석해 있는데, 성경 표현에 있는대로 "그들은 바퀴 같았다." 그들은 스무 명의 깃털 펜 사용자 앞에서 조용히 대기하고 있다. 통제하는 부대와 통제당하는 부대가 길 하나를 사이에 두고 대치하는 형국이다. 입구로 들어가면 아케이드가 나오고 이를 따라 걸어가면 갤러리 끝에 이른다. 뒤이어 유명한 문이 나오는데, 이곳 우두머리는 자기 책상을 지키고 앉아 모든 행정 집행 현장과 업무를 수행하는 직원을 군림

하듯 내려다본다. 이런 여권 사무실은 많은 나라에서 볼 수 있지만 파리 오르페브르 강둑에 있는 콜로세움 같은 어마어마한 공간과 비교할 만한 곳은 없을 것이다'. 이곳은 사시사철, 그러니까 겨울에도 통풍기가 돌아간다. 이 공장 같은 건물은 헌병과 무수한 녹색 상자로 장식되어 있다! 이 상자에는 10억 개의 여권 원부가 들어 있다! 그렇다면 나폴레옹이 1788년 인도에 갈 때 여권을 가져갔는지 안 가져갔는지도 알 수 있을까? 그 여권에 특별한 기호가 있었는지 없었는지도?

청원하는 관찰자 또는 관찰되는 청원자가 관심을 두고 보면 사무실 집기를 통해 이곳에 거주하는 자들의 품격을 엿볼 수도 있다. 커튼은 하얀색이거나 약간 색깔이 들어가 있는 면이나 견직물이다. 야생 벚나무나 아카주 나무로 만든 의자는 밀짚이나 모로코 가죽, 다른 직물로 보강했다. 벽지는 제

V   현재도 그 자리에 있는 파리 경찰청 건물. 지금까지도 여권 업무를 이곳에서 본다. 파리 센 강의 강둑 오르페브르 가에 있다.

법 시원한 색을 썼다. 이 공공 집기들은 여타 관청 소속인데, 만일 건물 이전이라도 해야 해서 이 물건들이 사무실 바깥으로 나오면 이보다 더 낯설고 기묘한 풍경은 없을 것이다. 대대손손 얼마나 많은 장인의 손을 거친 물건들인가. 얼마나 많은 정치 체제와 온갖 끔찍한 재앙을 겪은 가구들인가. 파리에서 볼 수 있는 수많은 이사 가운데 가장 기괴한 이사는 필시 이런 관공서의 이사일 것이다. 불가능의 예찬론자이자 수사학의 천재인 호프만도 이보다 더 환상적인 것은 창조할 수 없었을 것이다. 이 많은 물건을 도대체 어떻게 다 운반할 수 있을지. 수많은 상자가 길바닥에 가늘고 긴 흙 자국을 남긴 채 하품하듯 입구를 헤 벌리고 있다. 위아래가 뒤집어진 철제 탁자, 여기저기 갉아 먹힌 안락의자. 프랑스라는 나라의 살림살이에 이렇게나 많은 도구가 필요한 건지 기절초풍할 일이다! 연극 무대나 곡예사들 장기자랑에 쓰이는 소품들 같다. 오벨리스크에 새겨진 것처럼 상상력을 자극하는 이 지성의 흔적, 필적의 음영, 끝을 알 수 없을 것만 같은 이야기. 다 너무나 오래되어서 후줄근하고 초라하다. 이 볼썽사나운 관공서 집기들을 보느니 더러운 부엌 조리기구들을 보는 게 훨씬 나을 것 같다.

제6장

가공한 몇몇 존재들에 대하여

정원 외 임시직,

발송계원,

사무서기,

차장,

국장,

실장[1] 등

행정기계의 톱니바퀴를 분석하기 전에 관료주

---

[1] 각 공무원 직책 및 직급을 가리키는 원어는 다음과 같다. Le surnumé-raire(정원 외 임시직), L'expéditionnaire(발송계원), Les commis(사무서기), Le sous-chef(차장), Le chef de bureau(국장), Le chef de division(실장). 우리나라 공무원 직급에 따른 명칭을 참조하되 프랑스어 원뜻을 살리거나 발자크가 이 책에서 기술하고 있는 맥락을 살려 번역하였다.

의의 몇몇 별똥별인 사서, 보좌관, 회계사, 건축가, 선교사 등에 대해 먼저 말해보기로 한다.

이런 공무원은 자주 보지 못하기 때문에 가공한 인물로 여길 수 있지만, 이들도 공무원 봉급을 받는다. 그들은 가끔 와서 금세 사라지기도 하고, 다시 나타나기도 한다. 이들은 최후의 한직閑職 소유자다. 한직이란 다시 말해 '별 근심 없는' 자들로, 자리만 지키면 완전한 안전성을 보장받으므로 각자 자기 부서에서 일만 하면 될 뿐 달리 할 일이 없다. 천문학자가 혜성을 알아보듯 다른 공무원들도 이런 한직 공무원들을 알아본다.

§1 사서

청사에서 일하는 사서가 무슨 소용? 책 읽을 시간이 있는 사람은 장관인가? 아니면 정원 외 하급직원인가? 사서를 위해 서가를 만든 건가? 아니면 서가를 위해 사서를 만든 건가? 대부분의 장관이 사서를 두고 있다. 우리 시대 가장 저명한 시인을 장관 사서로 임명하자, 오를레앙 가문의 젊은 공작은

웃으며 이렇게 말한다. "책이 많습니까?" 그러자 시인은 대답한다. "예, 제가 많게 해드리죠."

일단 서가에 백여 권의 책을 채워 넣는다. 그리고 사서 아래 둘 공무원을 한 명 채용한다. 이 공무원은 책 먼지를 터는 일을 하거나, 주요 임무 가운데 하나는 매달 이 한직자의 집에 찾아가는 것이다. 가방에는 3백 프랑과 서명할 등록 카드를 넣어서 말이다. 하루로 치면 약 10프랑이다.

의회 의원, 국가 대신, 장관, 왕은 특수 박물관을 두 개 혹은 세 개(해양 박물관, 의장意匠 박물관, 전쟁 박물관)를 가지고 있고, 자리 일곱 개 정도는 채용할 수 있다. 몇몇 위대한 시인, 소소한 작가들에게 줄 빵이 여기서 생기는 것이다. 교수나 사서, 학예사 같은 소위 문예적인 일을 할 수 있는 자리는 많지 않아 없애지도 않는다. 너무나 바쁘지만 그만큼 장점이 많은 이 참사원직이 항상 위대한 시인이나 삶을 전적으로 문예에 바치는 작가에게만 주어지는 것은 아니다. 1830년 7월, 당신이 프랑스 군대에 책 한 권을 보낸다고 생각해봐라. 더더군다나 1천 에퀴 급료를 받는 사서가 1천 프랑의 채무를 지면서 말이다. 이는 적어도 일 년에 1천 에퀴를 국고에 다시 집어넣어 주는 셈이다!

생리학 귀부인"은 이런 강력한 요구를 어떤 사서도 하지 않았다고 선언하는 바다.

서가가 따로 없는 부서 가운데 하나는 공공 교육부이다. 이 부처는 특수한 도서관을 소유해야 한다. 도서관에는 대학과 관련한 책이나 종교 교사를 위한 강령, 정치, 개인, 종교 교육에 관한 책이 다양해야 할 것이다. 또한 교육 체계 및 정책에 관한 자료도 많아야 한다. 가장 흥미로운 수집물이 많은 것은 역시나 외무부 서가이다. 이것은 대중에게 공개하지 않는데, 다소 허세 있는 이름이 붙는다. '기록 보관소'가 그것이다.

장관 사서가 그 부서와 관련한 모든 책에 대해 숙지하고 있고 여러 입안과 개선책을 내놓을 수 있

ⅱ   우의적인 표현이다. 서양의 알레고리화를 보면 각 학문은 흔히 귀부인이나 뮤즈를 의미한다.

다면, 그 부서에 어마어마하게 유용한 사람이 될 수
있다. 장관 고문관이 되어 베네치아 업무까지 맡을
수 있다. 그렇다면 그에게는 2만 프랑의 급료를 줘
야 하고, 부사서에게도 그에 상응하는 급료를 줘야
한다. 이거야말로 늘 존재해왔던 과학적 액수이다.
아멘!

§ Ⅱ 건축가

나는 파리에서 이렇게 쓰여 있는 명함을 보았다.

건축가 텔, 내무부 및 의회, 기타 부서 건축가.

의회 건물을 짓는 건축가라면, 자기가 해체한
건물을 다시 세우는 일을 맡을 수밖에 없는데 이런
자리는 한직은 아니고, 이런 자는 그야말로 위대한
자다. 왜냐하면 프랑스에서 끊임없이 건물이 세워
지고, 부서지고, 다시 세워지기 때문이다. 이 건축
가들은 그들 자리가 있어야 할 필요성을 이로써 피
력하는 셈이다. 추세에 따르면, 각 부서는 건축가를
최소한 한 명은 두는 게 좋다. 프랑스에서는 항상
아첨이 아주 기발한 방식으로 이뤄지곤 했다. 루이

14세 치하의 장관들은 정부_{情婦}와 작은 베르사유 궁을 갖고 있었다. 루부아 장관[III]의 궁이었던 뫼동은 왕자가 있어도 좋을 만큼 넓은 곳이었다.

건축가가 장관실을 지을 때, 그곳에 공무원은 없었다. 공무원이 거기 있으면 건축가가 없다. 사서를 이유가 있는 존재로 보듯, 건축가도 이유가 있는 존재이다. 존재 이유는 장관을 통해서 규명된다.

이런 자리는 한 예술가가 얼마나 공무원이 될 수 있는지, 공무원이 얼마나 예술가가 될 수 있는지 보여주기 위해 만들어진 것 같다.

공무원이 된 건축가는 사서처럼 점점 완전한 행복을 누리게 된다. 그는 오로지 장관에게 의지할 뿐이며, 장관 역시 건축가에게 자주 의지한다.

III   루이 14세 시대의 국방부 장관. 고집이 세고 거만하기로 유명했지만, 근대식 상비군을 창설하고, 군대 내 서열을 잘 정리해 전장에서의 추악한 권력 투쟁을 일소하는 공을 세웠다.

§Ⅲ 선교사

각 부서는 자신의 부서에 부합하는 사안이 다른 나라에도 잘 부합하는지 아닌지 알 필요가 있다. 그럴 때는 신문 기자나 신문 연재 작가나 광고업자, 또는 자금 사정이 그다지 넉넉하지 않은 전문가에게 물어보면 자기 부서의 일과 비교할 수 있을 것이다. 외무부 장관과 보좌관도 모를 정도로 그 사안에 대한 아무 지식도 없다면 그렇게라도 해야 한다.

바로 이런 문제가 공화정과 군주정이 짝짓기 하는 이른바 입헌군주제에서 대두되었다. 이를 해결하기 위해 만든 것이 이른바 '선교사'이다. 이러한 임무는 파리에 거주하는 게 무척 괴로운 고매한 정신세계를 가진 엘리트층에 주어진다. 이들은 옛 지식을 지양하고 새로운 물과 정보를 얻기 위해 지식을 입수할 필요성을 강하게 느끼는 자들이다. 이러한 엘리트는 내가 보기엔 좀 인색하지만 한 달에 3프랑 내지 4프랑으로 어떤 사회적 목적을 띠고 여행하겠다고 기꺼이 동의하는 자다. 의원 아들이나 문학가, 또는 파리 신문의 사설을 쓰는 자가 이런

외무 직원보다 적은 급여를 받긴 하지만 말이다. 그래도 이 일을 하겠다고 나서니 정부 비용을 알아서 줄여주는 셈이다. 영국의 경우 외무사원에 어마어마한 급료를 지불한다. 비교정치학적으로 교육이 될 만한 자료를 항상 보고하기 때문이다. 이들은 영국 산업의 발전을 위해서라면 위험을 불사하고 산업시설을 찾아가 약삭빠르게 정탐한다. 이 점에서라면 러시아도 절대 뒤지지 않는다. 프랑스 선교사는 자국의 우위성을 느끼며 하루에 15프랑이나 빚지는 등 온갖 고생을 하며 여행한다. 그리고 정부에서 발행하는 관보를 위해 기사를 쓴다. 그런데 이 기사에는 독자가 거의 없다. 심지어 관련 부서도 잘 안 읽는다.

이 선교사들은 뭐랄까 장관직들이 날리는 연鳶이다.

§Ⅳ 회계사

행정을 간소화하자 창구가 많이 사라졌다. 그러자 장관실의 회계사가 많은 사람의 뇌리에서 사라졌다. 하지만 몇몇 부처에는(가령 내무부) 이 자리가 그래도 남아 있는데, 사실상 가장 확실한 자리다. 회계사는 각 부서의 실질적인 주인이자 총애받는 관료이며, 한마디로 그 집의 고양이다. 왕정복고 시절만 해도 의회는 오늘날 관공서보다 개념이 뚜렷했다. 의회는 회계사 양식이라 부를 수 있을 만한 것을 타오르는 양초 끝을 아끼듯 아꼈다. 의회는 업무를 맡는 부서에 따라 이른바 인사이동이라는 보상을 주었다. 왜냐하면 들어와 자리잡게 하는 것만큼이나 나가는 데도 비용이 들기 때문이다. 비중 있는 일을 하는 사람이 부득이하게 청산되거나 업무를 중단시켜야 한다면? 혹은 다른 데로 보내야 한다면? 보상에는 '2만 5천 프랑'이 들었다. 1830년 7월 대인사 이동 후 의회는 분명 자신만의 고유한 환상을 품었을 것이다. 그래서 각기 다른 20여 개 부처를 만들어냈고, 소비 취향을 없애려고 보조금도 거절했다. 거의 광기에 가까운 절약이었다. 티에르는 혼자만 '2만 5천 프랑'의 일곱 배가 되는 액수를 수령했다. 그 무분별 속에서도 이토록 신중한 혁

명은 결코 본 적이 없다.

　　장관실에 천둥이 한번 치면 공무원들은 덜덜
떨었다. 그리고 속으로 이렇게 중얼거렸다. 뭘 하
려고 그러지? 줄이려는 걸까, 늘리려는 걸까. 둘 다
치명적이었다. 늘리면 한 번에 두 배의 급료를 받
는 셈이다. 그러면 회계사는 2만 5천 프랑의 귀여
운 지폐를 가져가고 스위스 성당 같은 얼굴에 즐거
운 표정을 지으며 장관 부부를 알현하고는 황홀한
순간을 보냈다. "뭘 원하는가?"라고 묻는 장관에
게 그는 액수를 제시하고 그 사용처를 설명한다. 장
관 부인은 행복하고 놀란 표정으로 인사이동과 관
련한 모든 일을 알아봐 준다. 부부 소관이라 할 만
했다. 그러면 그는 이런 문장으로 화답한다. "만일
각하께서 저의 업무에 만족하신다면, 각하의 직위
는 확보되실 겁니다."

　　회계사는 기계처럼 또는 의미에 연연하지 않
는 사람처럼 주고받는 것에 능하다. 하는 일이 '회
계'이다 보니 자신을 화폐처럼 다룰 줄 아는 것이
다. 쥐며느리처럼 창구에 딱 붙어 해고 걱정 없이

은신하면 되는 것이다. 행복한 사람을 그리고 싶다면 장관 부처의 금고 창구에 딱 붙어 있는 포동포동하고 반반한 얼굴을 그리면 된다. 이 자들은 얼굴에 주름이 하나도 없다.

명제 8

금고, 비계[IV]

§V. 특별 비서관

진정한 철새처럼, 각 장관의 특별 비서관은 물러갔다가 때때로 장관과 함께 다시 나타난다. 만일 장관이 왕실의 호의와 의회의 기대를 얻으면 전에 함께 일하던 비서를 다시 데려간다. 아니면 회계 감사원 같은 몇몇 다른 기관에 방목시킨다. 이런 직종은 천둥이 사라지길 기다리는 동안 머무는 일종의 여인

IV   금고는 원어로 'Caisse'이고, 비계는 'Graisse'이다. 발자크는 철자가 비슷한 두 단어를 나열해 회계사를 풍자하고 있다.

숙이다.

언제나 특별 비서는 능력이 출중한 청년으로 장관의 인정을 받아야 한다. 가령, 나폴레옹 내각 시절의 바그람 공작[V]이 그에 해당한다. 그는 모든 비밀을 알고, 미온적인 것들을 끊고, 여러 제안을 나르고, 가져오고, 묻어버린다. 장관이 감히 말하지 못하는 '아니요' 또는 '예'를 말한다. 첫 번째 쏜 화총을 맞는 사람도, 절망과 분노에 찬 공격을 받는 사람도 그 청년이다. 그는 장관과 함께 통탄하고 웃는다. 그는 중재 역할을 맡아 언론의 환심을 사 기자들을 일하게 만든다. 이들 사이에는 신비한 고리가 있는지 언론과 장관은 여러 이해관계 속에 서로 유착되어 있다. 그는 또 고해신부처럼 신중하다. 어떨 때는 모든 걸 다 알고 있고, 어떨 때는 아무것도

V 루이 알렉산드르 베르티엔(Louis-Alexandre Berthier, 1753~1815): 미국독립 전쟁에 참여한 바 있으며 프랑스 혁명군 국민방위대에 들어가 여러 장군 밑에서 부사관직을 수행했다. 나폴레옹 쿠데타를 지지하며 나폴레옹과 함께 이집트, 이탈리아 원정에 함께 참여하였고, 그의 특별 비서가 된다. 워털루 전쟁 얼마 전에 사망하는데, 그가 죽자 나폴레옹은 이런 말을 했다고 한다. "그 어떤 자도 그를 대신할 수 없다."

모르는 것처럼 군다. 그는 튼튼한 다리와 밝은 눈을 가져야 한다. 장관 본인이 할 수 없는 말을 그가 대신해야 하기 때문이다. 장관은 마침내 비서와 거리낌 없는 사이가 된다. 자기 모습을 그대로 보여줄 수도 있다. 페뤼크 장식도 벗고 틀니도 빼고 실내용 실내화만 신은 채 자신을 노출할 수 있고 흉금을 털어놓거나 양심을 내려놓을 수도 있다.

이 청년은 정치인은 아니지만, 정치적 인간이거나 인간 정치 그 자체다. 거의 항상 젊은 사람인데, 장군에 부관이 있듯 장관에 보좌관이 있는 것이다. 그의 역할은 밀착전담이다. 그는 장관의 필라데스[VI]이다. 장관에게 아첨하고 충언한다. 아니, 충언하기 위해 아첨하고, 아첨하면서 충언하고, 충언 아래 아첨을 감추기도 한다. 새파란 젊은이는 얼굴이 누렇게 뜬 채 장관의 말에 연신 고개를 끄덕이는 게

VI   그리스 신화에 나오는 오레스테스(아가멤논과 클뤼타임네스트라의 아들, 엘렉트라의 동생)의 둘도 없는 친구이다. 오레스테스는 아이기스토스의 미움을 받아 사지로 몰리자 포키스의 왕 스트로피오스에게 피신하는데, 필라데스는 이 왕의 아들이다. 오레스테스는 필라데스와 함께 자랐고 두 사람은 둘도 없는 친구가 된다.

몸에 배어 있다. 전혀 이해되지 않는 내용인데 소통을 해야 하니 아는 척을 하느라 연신 고개를 끄덕이는 것이다. 당신이 하는 말에 대해서도 무심히 고개를 끄덕이며 수긍하는 척할 것이다. 그들은 '그러나' '하지만' '그런데도' '그러니까 저라면' '당신 입장이라면 저는' 같은 말을 항상 입에 달고 산다. 문장마다 이미 모순어법이 준비된 것이다.

이런 종류의 희생을 감당하는 자는 1만에서 2만 프랑 정도 받는다. 하지만 이 젊은이는 휴게실과 초대장, 장관용 마차 등의 혜택을 누린다. 그가 개봉해서 읽어야 할 무수한 편지와 처리해야 하는 수많은 일을 생각하면, 군주제였다면 나는 이 소중한 인력에 대한 지급을 확실히 했을 거라는 말을 꼭 하고 싶다.

러시아의 니콜라이 황제는 이 부드럽고, 곱슬곱슬하고, 다정하고, 얌전하고, 멋있게 쫑긋하고, 너무나 잘 지켜주고, 충성스럽기까지 한, 이토록 사랑스러운 합헌적 복슬강아지들에게 일 년에 5만 프랑만 주어도 되었으니 아주 행복했을 것이다.

특별 비서는 대표 정부 기관의 집무실에 나와 모습을 드러낼 뿐, 대부분 숨어서 실력 발휘를 한다. 군주제 사회에서는 궁정인과 신하들밖에 없었지만, 이젠 헌장과 함께 당신은 이 자유인들로부터 아첨과 보살핌도 받게 된 것이다.

프랑스에서는 장관이 여인이나 왕보다 더 행복하다. 왜냐하면 자신을 이해해주는 누군가를 갖게 되었기 때문이다. 나도 이런 특별 비서가 있다면, 그간 여자들한테 토로하고 흰 종이에 토로했던 것을 이젠 이들에게 토로하고 싶다. 이들은 힘들어도 다 들어준다. 순수한 여인처럼 자기 장관을 위해서라면 비밀을 지켜주는 재능을 타고났다. 만일 대중 앞에서 떠벌이는 걸 좋아하는 재능을 타고났다면 비서로는 실격이다.

기조 씨[VII]의 특별 비서는 이 방면의 귀재다. 기

VII   기조(François Guizot, 1787-1874): 역사가이자 아카데미 프랑세즈 회원을 지내다 루이-필리프 7월 왕조에서 외무부 및 교육부 장관을 역임했다. 7월 왕정의 실질적 통치자는 티에르와 기조라 할 수 있었는데, 티에르가 생기발랄한 인물이라면 기조는 성실한 고행자 같은 풍모로 보수주의자이자 평화주의자의 면모를 지녔다. 불굴의 성실성으로 정론파 개념에 충실했다. 그가

조 장관을 소크라테스 같다고 한다면 그에겐 이런
귀재가 비서로 있었기 때문이다.

명제 9

특별 비서는 정부가 제공한 친구이다.

자주 했다는 말의 유명한 도식이 있는데, "Enrichissez-vous"(부자가 되십
쇼)이다. 그를 중상모략하던 자들은 이 말을 비꼬아 풍자하기도 했는데, 그
가 원래 했던 말은 "깨어납시쇼, 부자가 되십쇼, 우리 프랑스의 정신적 물질
적 조건을 개선하십쇼"이다.

제7장

임시직

교회에는 어린 성가대가 있고, 부대에는 어린 병사가 있고, 극장에는 생쥐 같은 어린 아이 아니면 단역 배우가 있듯, 관공서에는 정원 외 임시직이 있다. 순진하고 순박하며 어떤 환상에 젖어 있는 자다. 하기야 환상 없이 어찌 살 수 있을까? 예술이라는 '성난 황소'를 실컷 먹고 우리에게 믿음을 주는 모든 기초 과학을 게걸스럽게 먹어 치울 수 있는 힘을 주는 게 이런 환상 아니던가. 환상이란 과도한 믿음이다! 그런데 이런 임시 하급직은 관청에 대한 어떤 믿음이 있다. 이들은 공무원 일이 그렇게 혹독하고 지긋지긋하고 힘든 것이 아니라고 생각한다.

두 종류의 임시직밖에 없다. 가난한 임시직과 부유한 임시직.

가난한 임시직은 희망만큼은 부자이다. 자리 하나만 주면 된다. 부유한 임시직은 정신만큼은 가난하다. 아무것도 필요로 하지 않는다. 부유한 집안의 이름난 재사라면 관청에 들어가겠다고 그렇게 아등바등하지 않는다.

부유한 임시직은 고위직 공무원한테 위임되거나 청장 같은 최고 간부 옆에 배치된다. 이 최고 간부는 이 임시직을 오뚝이로, 아니 심오한 철학자로 만드는데, 이보다 정통한 희극이 있을 수 없다. 어떤 직무를 맡기 전까지 질색하고도 남을 만큼 연수를 시켜 사람을 만만하게 만드는 것이다. 부자 임시직은 사무실을 전혀 두려워하지 않는다. 공무원들은 이 임시직이 그들에게 전혀 위협적이지 않다는 것을 안다. 부자 임시직은 오로지 관청의 최고 직무만을 겨냥하기 때문이다. 언론도 이 부자 임시직을 적잖게 괴롭힌다. 왜냐하면 이 부자 임시직은 항상 어떤 장관이나 의원 또는 상당히 영향력 있는 동료

의 조카 아니면 친척이기 때문이다. 하지만 공무원은 그와 공범이 되어 그의 보호를 원하기도 한다!

따라서 가난한 임시직이야말로 유일한 임시직이다. 대부분 가업을 물려받은 장인의 아들이거나 공무원의 과부 아들이다. 아니면 결혼 연금으로 겨우 사는 퇴직 공무원의 아들로, 이런 아들을 둔 집은 여태 이 아이를 먹이고 씻기고 입히느라 죽을 고생을 했다. 집세가 그다지 비싸지 않은 동네에 살고, 일찍 출근한다. 그날 하늘 상태는 적어도 그에게는 아주 중요하다. 우선 동쪽부터 살펴야 한다! 걸어서 출근하다가 행여 몸에 진흙이나 똥이 묻지 않게 조심해야 한다. 특히 옷에 묻지 않게 신경 써야 한다. 갑자기 소나기가 들이닥쳐 간이 비바람 막에 피신하는 일이 생기면 지각이기 때문이다. 출근 시간을 잘 계산해야 한다. 한마디로, 얼마나 신경 쓸 게 많은지! 도로나 대로 강둑에 있는 인도가 그에게는 아주 은인이다. 만일 갑자기 어떤 이상한 이유로 당신이 파리 도심에 아침 7시 반이나 8시에 나왔다가, 매서운 추위나 비 또는 악천후 때문에, 담배를 피우지 않는데도 짙은 담배 연기만큼이나 근심 가득한 얼굴을 한 청년을 본다면 속으로 이렇게 말하면 된다. '아! 임시직이구나!' 그는 이미 아침을 먹었다. 그런데 그의 호주머니가 눈길을 끈다. 안에 플루트가 있는지 좀 튀어나와 있다. 아니다, 플루트가 아니다. 아침과 저녁 사이 9시간을 속이 쓰리지 않게 잘 견디라며 어머니가 챙겨준 간단한 샌드위치다.

임시직들의 천진함도 오래 가지 못한다. 청년은 곧 차장과 자기 사이에 존재하는 어마어마한 거리를 알게 된다. 이 거리는 그 어떤 수학자도, 그러니까 아르키메데스도, 뉴턴도, 파스칼도, 라이프니츠도, 케플러도, 라플라스도 측정하지 못했던 거다. 0과 1 사이에 그렇게 큰 거리가 있다니. 특별 상여금과 봉급 사이에 존재하는 그 거리 말이다.

임시직은 경력을 쌓아도 소용없다. 다른 공무원을 통해 이런 불평등을 실감하게 된다. 사무실 안에 어떤 계략이 있는지 알게 된다. 수단과 방법을 가리지 않는 이례적인 조치를 취하지 않고는 상사가 될 수 없다. 두 종류의 상사가 있다. 하나는 어떤 잘못을 저지른 젊은 여자와 결혼한 경우다. 또 하나는 장관의 친딸과 결혼한 경우다. 후자는 어마어마한 책임을 떠맡은 거고, 전자는 넘치는 재능으로 건강을 해쳐도 힘든 일을 마다하지 않는다. 이 자는 회색 두더지 같은 인내심이 있다. 하지만 그런 천부적인 비범함을 노상 발휘할 수만은 없을 것 같다!

사무실 안에 있으면 모든 게 그렇고 그렇다는 것을 알게 된다.

무능한 남자는 고집 센 여자를 만나 등쌀에 못 이겨 그 자리까지 갔고, 이 여자는 마침내 그를 의원까지 만들어 줄 것이다. 사무실에서 별다른 재능이 없는 자는 의원실에 앉아 온갖 치사한 계획이나 세우고 있어야 한다. 아내의 절친한 친구로 정치가가 있거나 능력 있는 기자가 발주자라면 사는 게 훨씬 수월해진다.

이런 사정이다 보니 자기 하는 일에 염증이 난 하급 임시직은 해직을 요구한다. 임시직 4분의 3이 고용되기도 전에 그만둔다. 결국, 아주 고집이 세거나 이렇게 말하는 바보들만 남게 된다. "3년차야. 이제 자리 하나 생기겠지." 아니면 대단한 소명이 있는 젊은이만이 남는다.

물론 정부 임시직도 종교 단체의 수련 단계처럼 시험을 치러야 한다. 이 시험은 힘들다. 굶주림과 갈증, 가난과 궁핍에 굴복하지 않아야 한다. 이를 이긴 자만이 살아남는다. 그런데 반드시 있다. 힘든 일도 싫어하지 않고 해내며 이토록 끔찍한 실존 방식, 그러니까 답답한 사무실 환경으로 인한 고통도 기꺼이 감내하는 놀라운 기질이 있게 마련이다.

이 관점에서 보면, 임시직은 공짜를 좋아하는 정부 내 비열한 투기 세력과는 거리가 멀고, 한마디로 선행 기관이다. 30개의 임시직 중 7개의 자리가 그나마 '사무실 분위기'가 난다. 손으로 열심히 글을 써대지만, 그들 머리로 생각하는 건 아니고, 계속해서 돌아가는 순환 체계에 따라 정신이 움직일 뿐이다. 어쨌거나 사무직도 되고 희망하는 또 다른 간부도 될 수 있다.

봉급 받은 날은 정말 아름다운 날이다. 첫 달에는 너무나 잘 관리한다. 그렇다고 어머니에게 다 갖다주는 건 아니다. 비너스 여신은 장관실 금고에서 나온 이 첫물을 보며 미소 짓는다.

제8장

기도

이제 여러 얼굴이 출현한다. 붉게 달아오른 얼굴, 희끄무레하고 창백한 얼굴, 노인 분장을 한 듯 주름 투성이인 얼굴, 자못 심각한 얼굴, 피곤함에 절어 있는 시들시들한 얼굴, 각성한 듯한 얼굴, 슬픈 얼굴, 회색 은발 머리가 뒤엉킨 얼굴 등. 교활하게 생긴 엉큼한 인상, 우둔해 보이는 인상, 종교 지도자 아니면 현자 같은 인상, 명예 훈장은 많은데 유명하지는 않은 위인의 인상. 자, 바로 이런 자들이 우리 부대와 함선을 움직이는 것이다. 우리 푼돈을 거둬 가고, 도시와 시골을 감시하고, 파리에 식료품을 공급하고, 성실함과 재능을 기준으로 요금을 책정하고, 그림과 조각상을 주문하고, 근속자를 퇴직시키고, 프랑스를 위해 복무하는 모든 사람의 성격과 능력, 자산을 평가하고, 생산물을 평가하고, 소유권을 규제하고, 재산을 관리한다! 당신은 승객에 불과하다고? 그러니 더 유의해야 한다. 우리가 승객이고 국가가 함선이라면, 이 배 위에는 자칭 '입헌론자'도 있고 선원도 있고 수많은 웅변가와 연사가 득실하다.

제9장

사무직의 다양성

명제 10

임시직이든 차장이든 어쨌든 다 사무직이다.

사무직은 두 가지 방식으로 존재한다. 기혼이거나 미혼이거나.

아직 독신인 미혼은 전반적으로 안 좋은 사무직이다. 기혼남과 완벽하게 구분된다. 미혼자에게는 빚이 있고, 결혼한 사람만큼 잘 입고 다니지 않고 깔끔하지도 않다. 기혼남은 관청 내에서 나름대로 길을 만들어 거의 그만두지 않고 살아남는다. 그러나 100명의 미혼 사무직 공무원 중 40명은 그만

둔다. 특히 아직 어리다면 여러 사람한테 영향을 받아 마음을 바꾼다. 결혼한 공무원은 한 사람 말만 듣는다. 어린 공무원은 환상만을 좇아 월급을 거의 10일 안에 다 써버리고, 나머지 20일은 단식을 하거나, 아니면 돈을 꾼다. 그는 자기 생각밖에 안 한다. 그의 야망은 도가 지나치다. 원하는 건 많은데, 관공서 속도가 너무 느려 안 맞는다. 그렇긴 해도 의지에 가득 차 뒷생각을 하고 행동하는, 그래서 꿋꿋하게 원하는 것을 이뤄내는 젊은이도 있다. 이들은 아주 정확하다. 절약하고 자기 관리도 철저하다. 그들의 사생활을 캐면 거의 결혼한 자들이다.

자, 이제 파리에서 공무원이라 불리는 다양한 인간 종이 어떻게 다른지 그 미묘한 차이를 살펴보기로 하자.

미남 이들은 보통 발송계 직원이다. 잘 나가봐야 정부 부처의 문서계까지다. 보통 22세에서 40세까지 사무실에서 인생을 꽃피운다. 나름 청춘형 얼굴을 고수한다. 25세에서 35세 정도 되는 젊은이 분위기가 난다. 항상 멋진 풍채를 하고 있고,

신발 밑창과 굽 사이 흰 부분에도 신경 쓰며 우아하고 낭만적인 표정을 짓는다. 머리를 충분히 기르고 구레나룻을 하거나, 여자들의 머리 손질 이상으로 콧수염을 정성스럽게 관리한다. 또한 멋진 치아를 드러내기 위해 잘 웃는다. 점심은 간단한 샌드위치에 물 한 잔을 마시면 끝이다. 한 달에 12프랑 정도 내는 고미다락에 살며 저녁은 루카스 식당에서 20수짜리를 먹는다. 돈은 주로 외모를 단장하는 데 쓰인다. 봉급 중 1천 500프랑은 신사복 가게 주인한테 간다. 바지는 주름이 정확히 잡힌 것만 입는다. 주름 바지에 수가 놓인 롱 스타킹이나 반 스타킹을 신는다. 날렵하게 잘 빠진 장화를 신고 반지고리 장식이 있는 넥타이를 맨다. 그리고 최신 유행하는 모자를 쓴다. 노란 장갑을 끼고 그 위에 기사용 반지를 찬다. 이런 복장이나 프록코트는 몸에 딱 맞아야 폼이 난다. 속에 신는 양말이나 셔츠까지는 신경 쓰지 않는다. 그래도 매일같이 머리털은 곱슬곱슬하게 지진다.

　사무실에서 하는 농담 중 가장 짓궂은 농담

은 그가 코르셋을 입었는지 안 입었는지 내기하는
거다.

이들의 가장 큰 사업은 입에 이쑤시개를 살짝
물고서 튈르리 공원을 부자 청년처럼 걷는 일이다.

젊은 영국 아가씨나 과부, 아니면 아무 여자라
도 자기를 보고 반하면 좋겠다고 내심 바란다. 그의
인생 계획 대부분은 여자를 사귈 기회를 얻는 것이
다. 그래서 퍼레이드를 하듯 뽐내며 어디라도 걸어
다닌다. 우연을 기다리는 것이다. 아니면, 무슨 순
교자도 아닐진대 저녁이면 시내로 나가 카페 여주
인의 총애를 받으려고 애를 쓴다. 대개 이 여주인들
은 부자이면서 과부가 많기 때문이다.

미남 공무원에게는 다음과 같은 원칙이 있다.
6천 프랑의 연금이 생기면 곱사등 여자와 결혼하
고, 8천 프랑이 생기면 마흔 살 여자와 결혼한다.
3천 프랑이 생기면 영국 여자와 결혼한다. 계산원
을 하는 아가씨 아니면 부유한 여자 상인들의 동정
을 살핀다. 가끔은 부르주아 사교계에 나가 낭만적
인 노래를 하며 아가씨들을 놀라게 한다. 가끔은 유

행하는 물건을 사기 위해 굶기도 한다.

사무실에서는 밥까지 굶어가면서 주름 하나 없는 긴 소매에 손목에는 금 단추가 달린 셔츠를 입는 이 청년을 놀려댄다. 이렇든 저렇든 그들에게는 다 계획이 있다. 아무에게도 해를 끼치지 않는다. 신앙도 있고 거기에 몰두하기도 한다. 사육제가 되면 가면무도회를 즐기러 가기도 한다. 자신을 피해 달아난 행운을 찾으러 여기저기 다닌다. 결국 결혼을 하기는 하는데, 찾고 찾다 지쳐 모자 제조공이나 늙은 여자와 결혼한다. 아니면 그들의 잘생긴 '육체'에 매혹된 젊은 여자와 결혼할 수도 있는데, 말도 안 되는 단어들로 점철된 소설 하나를 써서 그 효과가 산출되면 가능하다. 더욱 대담한 자들은 샹젤리제로 나가 지나가는 아가씨 중 한 사람에게 다가간다. 용케 주소를 알아내서는 열정적인 연애편지를 보내기도 한다.

이 미남형들에게는 살아가기 위한 그들 나름의 자리가 있는 것이다. 얼굴이 재산인 셈이다.

사각턱' 말처럼 아래턱이 사각형으로 넓어 좀 우둔해 보이는 이 공무원은 문서계 아니면 인사계에서 일한다. 이들은 45세 무렵이 인생의 최절정기다. 기혼자가 대부분이고 군대나 회사로 치면 특무 상사쯤 된다. 그들은 파리 근교에 거주하고 정원 딸린 주택 한 채를 임대한다. 키는 보통이고 좀 뚱뚱한 편이며 느릿느릿하게 걷는다. 관공서 소속 공무원인 것을 자랑스러워한다. 일을 수습하고 정리하는 것에 전념하며 정치적 무심함을 자부한다. 그가 즐겨 읽는 유일한 신문인 『주르날 데 데바』"의 견해만을 채택하며 어떤 권력이든 권력을 잡은 쪽에선다. 매사에 꿍꿍이 없이 진지하고 열정적이며 부장이 요구하는 일이 있으면 한 시간 정도는 더 근무하고 집에 가기도 한다.

I La ganache: 원어는 말의 아래턱이라는 뜻인데, 무겁고 우둔해 보이는 사람을 뜻한다. 우리는 이런 의미의 말턱이라는 말을 자주 쓰지 않아 다르게 옮겨 보았다. 우둔남이라는 표현으로도 의역했다.

II *Le Journal des débats*: 1789년 프랑스 혁명기에 창간되어 나폴레옹 집권기, 이후 왕정복고 시절에 이어 7월 왕조 때까지도, 심지어 세계대전을 거쳐 독일이 파리를 점령하던 1940-1944년까지도 계속 발행되었다.

그의 부인은 젊은 학생이 많은 기숙학교에서 피아노 교습을 한다. 일주일에 하루는 자택 지하실에서 맥주와 과자를 놓고 5수 정도 걸고 카드놀이를 한다. 이 정도면 시시한 수준이고 몹시 화가 나는 날 저녁이면 12구 시청 소속의 이 공무원은 6프랑을 잃을 때도 있다.

이 우둔남은 동정심도 있지만, 말로만 그렇게 하는 것이다. 한 달에 12프랑을 주는 부인의 눈치를 보고 더욱이 완전히 부인에 매인 몸이다.

그의 살롱에는 자기 살롱이 하나 있다. 그곳은 초록색 벽지가 발라져 있고 미국풍의 붉은색 밧줄꼴 쇠시리 장식이 달려 있다. 그라시니 부인[III]이 나폴레옹 흉상을 보며 '정부의 초상화'라고 했는데, 이게 꼭 그것 같다. 그런데 여긴 부인 흉상을 대동한 루이-필리프의 흉상이 놓여 있고 그 주변으로

III   주세피나 그라시니(Giuseppina Grassini, 1773~1850): 이탈리아 오페라 여가수로, 비단처럼 곱고 깊은 콘트랄토 목소리를 지녔다고 한다. 나폴레옹이 마랭고 전투를 승리하고 참석한 스칼라 극장에서 공연했고 나폴레옹은 이후 그녀를 파리에 초청해 공연하게 했다.

포도 경작인 뒤에 가난한 사람들의 행렬과 일하는 군인, 그리고 황제의 가면 같은 소품도 보인다.

일요일에는 날씨가 좋으면 가족들과 파리 근교로 소풍을 간다. 그는 사각턱 우둔남이지만, 중요한 건 자식들한테 존경 받는다는 것이다. 벌써 아이들에게 앙토니, 아르쾨유, 비에브르, 퐁트네-오-로즈, 올네 같은 파리 외곽 도시를 보여줬다. 서쪽 지역을 충분히 탐사했다 싶으면 동쪽 지역으로 간다. 그다음은 또 다른 곳으로. 장남은 아버지를 이어받아 관공서에 진출한다. 차남은 학업에 더 충실하여 파리 이공대학에 들어간다.

아버지는 장남에게 이렇게 말한다. "정부를 위해 일하는 공무원이 되는 것은 아주 큰 명예이다……"

그는 자신의 부서장을 영재로 보고, 아들에게 그를 롤 모델로 삼으라고 말한다. 이렇게 외치면서 말이다. "네가 부바르 씨처럼만 된다면 난 정말 좋겠다."

그가 퇴근할 때 출입문을 나가려는데 그때 우

연히 장관의 관용차가 들어오거나 나가면 그는 즉각 모자를 벗는다. 자동차 안에 사람이 있건 없건 말이다. 사무실 우두머리가 그에게 일을 설명할 때면, 사각턱남은 점잔을 빼며 자기도 안다는 표정을 짓는다. 설명을 집중해 듣기도 하고 이것저것 따지기도 한다.

사무실에서는 떠들지 않고 조용히 정확하게 일 처리를 하는 공무원의 전범이라 할 수 있다. 그는 나무 발판 대에 발을 올려놓고 성실하게 임무에 충실히 매진한다. 코나 얼굴을 닦기 위해 손수건을 꺼낼 때면 책상 가장자리에 놓여 있는 잉크 깃털 펜을 조심히 내려놓은 뒤 다시 조심조심 깃털 펜을 잡는다.

그가 쓴 공문을 보면 뻣뻣하고 모든 걸 심각하게 말하거나 별것도 아닌 것을 무게 잡고 말한다. 그가 사무실에서 하는 건 다름 아닌 정부 업무이기 때문이다. 자기 부처 일 아닌 다른 부처 일을 하는 동료를 대놓고 비난하지는 않지만, 하도 성실해 때론 참견하고 싶은 마음이 굴뚝이다.

집에 와서도 아침저녁으로 소송대리인과 변호사를 위한 기록과 자료를 필사한다. 그의 서체는 특히나 아름답기 때문이다. 부인의 자산이 별로 없어도 부인과 자신의 급료를 합하면 1년에 1천 에퀴가량 들어온다. 나중에 딸아이 결혼 지참금을 위해 지독히 절약해 매년 1천 프랑 정도는 따로 모아놓기도 한다. 이 사각턱남은 옷을 잘 차려입는데 결혼식 때 장모님이 주신 보석 박힌 장식 핀을 달기도 하고 딸이 수놓아준 멜빵을 하기도 하며, 주로 하얀색 조끼에 푸른색 바지와 검은 정장을 입는다. 장화 하나를 발에 끼우는 데 상당한 시간이 소요된다. 자기 생일이나 성인들의 축일일 때는 집에서 가족과 함께 파티를 연다. 축일이니만큼 4행시를 짓는다. 지인의 결혼식이나 장례식에서도 절대 빠지지 않는다. 페르 라셰즈 장지까지 꼭 따라가며, 새해 첫날이 되면 상사에게 문안드리는 것도 잊지 않는다. 한 달에 12프랑씩 12년을 모은다. 그동안 너무 아꼈던 걸까. 꾹 참아왔던 욕망이 불쑥 튀어나오려 하면, 이를 잠재우기 위해 '소액' 증권 거래를 한다. 이게 그의 유일한 열정이다. 그는 스위스가 보고 싶다[IV]!

'이 생리학을 읽게 될 귀족 부인들을 위한 몇 가지 첨언.'

공무원 가정은 완벽해서 딸들은 단아하고 어머니는 풍만하며 아버지는 부르주아 풍채다. 아버지와 어머니 그리고 자식 모두 항상 하얀 리넨을 입고 있고, 자식들은 '좋은' 교육을 받는다. 저녁 식사를 대접하면 앙트레[V]로 네 개의 접시가 나온다. 도살된 지 얼마 되지 않은 소고기가 나오고 그 주변에는 야채가 가지런히 놓여 있다. 두 번째 나오는 음

IV 전 세계 돈을 쥐락펴락하는 스위스 은행 및 금융시장을 비유한 말일 테지만, 스위스 은행업이 오늘날까지 유명한 데는 그 나름의 역사적 배경이 있다. 루이 14세는 1685년 신교도의 자유를 보장하던 낭트 칙령을 폐지했고, 그 후 프랑스 위그노 신교도 다수가 스위스로 건너가 은행업을 시작했다. 나중에 루이 14세는 어쩔 수 없이 프랑스 통치 및 국경 확장을 위한 자금을 스위스 신교도들에게까지 빌리는 아이러니한 상황을 맞게 된다. 이때 자신의 신분을 드러내지 않고 자금을 빌렸는데, 스위스 은행의 비밀주의가 여기서 연유했다고도 볼 수 있다.

V 앙트레(Entrée): 프랑스 특유의 음식 문화이므로 원문을 그대로 옮겼다. 수프를 내온 다음 내오기 시작하는 전식이다.

식은 주로 가금류이고 두 번의 앙트르메[VI], 두 접시의 단 음식이 나온다. 데세르[VII]는 터무니없이 거창할 때도 있다(접시 80개가 나온다). 마지막으로 이 집에는 항상 여닫이 책상 서랍 안에 25루이가 들어 있다. 모든 걸 현명하게 잘 정리하고 정돈하면서 꿀과 밀랍을 만드는 벌처럼 살기 때문에 1천 에퀴 정도는 충분히 굴리는 부자의 삶을 산다. 만일 이게 다 사실이 아니라면, 귀신이 날 잡아가도 좋다. 이런 집 부인은 덕이 높지 아니할 수 없다!

수집가 관공서 일은 교대 근무를 하는 사람에게 너무나 따분한 일이다. 이 권태를 다른 열정으로 풀게 하는데, 직원들 정신 상태가 완전히 불이 꺼진 것은 아니다. 그래서일까? 행정부마다 수집가나 예술가가 없는 부처가 없다.

정리 정돈을 좋아하고 세심하고 꼼꼼한 수집

VI   앙트르메(Entremets): 고기류와 후식 사이에 먹는 좀 가벼운 음식이다.

VII   데세르(Dessert): 식사 마지막에 먹는 후식. 프랑스에서는 특히 치즈를 후식으로 먹는다. 여러 종류의 치즈가 나오기도 하고, 이어 아이스크림, 과자, 과일 등 이루 셀 수 없이 많은 종류의 데세르가 있다.

PREDHOMME

136

가는 자신의 승진에는 전혀 관심이 없다. 생활할 수 있을 만큼만 벌고 취미에 몰두할 수 있는 일을 가지고 있으니 말이다. 그는 좀 병약하긴 해도 커피를 마시거나 담배를 피우며 승마도 한다. 10시에 자고 7시에 일어난다. 극장에는 어쩌다 공연을 보러 간다. 대신 집에서 플라졸렛VIII이나 '가로 플루트'를 분다. 왕실 친위대에서 밤을 새우지 않기 위해 국민 방위대에서 피리를 부는 셈이다IX. 그는 수집품이 있다! 정기 구독하여 배달로 받는 삽화가 든 장서들이 그것이다. 그랑빌X이 그린 『동물들의 사생활

VIII   플라졸렛(Flageolett): 18세기 문학 작품에 자주 등장하는 피리로 세로로 분다. 아일랜드 전통 음악에서도 볼 수 있는 피리로 구멍이 6개 뚫려 있다.

IX   다소 비유적인 표현이다. 18세기 프랑스 혁명부터 그 이후에도 혁명파와 반혁명파(왕당파)는 끊임없이 갈등했다. 왕실 친위대는 왕당파 또는 반혁명파의 근위대를 뜻하고 국민 방위대는 혁명파, 특히 로베스피에르가 집권한 공포 정치 기간 대단한 활약을 했던 군대 조직이다. 공연을 보러 극장에 가는 것을 왕실 친위대로 비유하고 집에서 피리를 부는 것을 국민 방위대로 비유한 셈이다.

X   본명은 장 이냐스 이시도르 제라르(Jean Ignace Isidore Gérard, 1803~1847): 그랑빌(Grandville)은 19세기 파리 풍자화가 중에서 가장 많은 작품을 그린 당대 최고의 삽화가이다. 라퐁텐의 우화부터 세르반테스의 『돈키호테』, 스위프트의 『걸리버 여행기』, 오노레 발자크의 『인간희극』 같은 문학작품의

장면』^{XI}은 물론, 『돈키호테』, 『플로리앙 우화집』, 『프랑스인이 그린 프랑스인』 등이다. 거기다 부록으로 딸린 참조도서까지. 이렇게 뜨거운 예약자가 없을 정도이다. 배달로 도착한 작품들을 잘 보관하고 제본하고 장정하는 것도 잊지 않는다. 오베르 출판사의 석판화 시리즈도 모두 사는데, 보통 50상팀을 넘지 않는다.

집 안에는 온갖 호기심을 자극하는 물건들을 쌓아놓는다. 누가 준 것도 있고 경매로 '쟁취한' 것도 있다. 여기서 챙기는 몫이 100수를 절대 넘지 않는다. 그의 집은 석판 풍경화에 점토 주형 및 클레르몽의 생-알리르 분수전에서 나온 석화층 같은

삽화는 물론, 수많은 신문에도 그림을 연재했다. 인간과 동식물의 몸을 섞어 변형시키는가 하면, 복잡한 체계를 정돈된 질서로 수렴하는 등 차원 높은 구조 미학을 갖고 있다.

XI   원제는 『동물의 사적 생활과 공적 생활 장면』으로, 1840~1842년경 출간되었다. 매대에서 판매되기보다 주문 예약제로 구독자에게 우편으로 직접 배달되었다. 스탈(피에르-쥘 에첼의 가명), 오노레 드 발자크, 샤를 노디에, 조르주 상드, 에밀 드 라 베두아이에르 등의 작가가 쓴 여러 글과 단편, 풍자 우화 등을 싣고 특히 그림은 당시 유명 삽화가였던 그랑빌의 그림을 실었다.

것들이 쌓여 있다. 중토, 황산염, 소금을 넣은 작고 예쁜 병들이 병정처럼 줄지어 있다. 그는 이렇게 말한다. "나는 산호, 나비, 중국 파라솔, 마른 생선, 메달을 소유하고 있다."

수집가는 웬만해선 결혼하지 않는다. 그는 결혼이 두렵다. 독립성을 지키고 싶기 때문이다. 1천 프랑 연금을 남겨줄 어머니는 있다. 여기에 자기 연금을 합치면 그럭저럭 살 수 있다고 생각한다. 그에게는 여성용 모자를 만들거나 화원을 하거나 아니면 피아니스트인 누이동생이 있을 수 있다. 아니면 동거녀가 있어 조만간 그녀와 시골로 들어가 살려고 한다.

한 가정의 어머니들에게 인기가 좋은 이 청년은 몸이 말랐거나 가늘고 호리호리하며, 부드러운 눈빛에 눈 밑이 약간 거무스레하다. 그는 사시사철 하얀 스타킹을 신으며 초록빛 바지를 입는다. 레이스 끈으로 묶은 신발을 신고 녹색이나 호두색의 프록코트를 입지만 누굴 유혹하려는 건 아니다.

그의 사무실 의자는 등나무 줄기를 엮어 만든

건데, 이 의자는 가운데에 구멍이 뚫려 있고, 모로 코산 녹색 천으로 둥글게 장식되어 있다. 이런 의자에 앉는 이유는 치질 때문이다. 때론 소화 불량을 불평하기도 한다. 일요일이면 일드프랑스 몽모랑시에 가서 당나귀와 놀면서 그 젖을 얻기도 하며, 풀밭에서 한가로이 저녁 식사를 하기도 한다. 가끔은 몽파르나스 가로 유제품을 구하러 가면서 일 핑계를 대기도 한다.

수집가는 공무원 중에서도 흔히 차장으로 승진한다.

작가 이 공무원은 사무실에서 거의 일하지 않는 엉큼한 자로, 임시직들을 시켜서 하는 일이 대부분이다. 더욱이 그는 부서장들의 보호를 받는다. 그들에게 모든 공연의 첫 상연물을 보여주기 때문이다. 그는 극을 위해 작품을 마구 지어내는 대담무쌍한 작가이기도 하다. 극장주랑 함께 일하는 사이이기 때문에 동료에게 티켓을 주기도 하고 부서장에게는 특별 좌석을 알아봐 주기도 한다. 봉급을 조금이라도 만지려면 필요 있는 일을 조금이라도 해야 하는 법이다. 하지만 연극 작품을 쓰는 일이 주요한 일이다. 연극 협회 회원으로서 학생처럼 열심히 연구하고, 대화를 매끄럽게 다듬고, 각 절을 이리저리 바꿔보고, 장면도 하나하나 수선하고 잘라냈다 다시 잇기도 한다. 연출가와 배우 등 협력자들은 연습을 이어가고 공연을 진행하면서 수정할 것은 수정한다.

보드빌 작가이면서 공무원인 이 자는 이따금 부장도 된다. 그 몇몇 예가 있는데, 가장 유명한 사람이 세브랭[XII]이다. 그는 공무원 경력이 얼마 되지 않았는데 바로 차장이 되었다. 왜냐하면 상관들을 위해 많은 봉사를 했기 때문이다. 어떤 장관과 정부 情婦를 화해시켜주거나 어떤 의원이나 청장을 공격하는 기사를 막았다. 그는 항상 레지옹 도뇌르 십자가 훈장을 달고 다닌다. 그의 복장이나 품행은 고위 공무원에 전혀 뒤지지 않는다. 더욱이 그는 안락하다. 시골에 땅도 있고, 카브리올레형 차도 마다하지

XII 샤를-오귀스탱 바송피에르(Charles-Augustin Bassompierre, 1771~1853): 코미디, 오페라-코미크, 보드빌, 샹송 등 여러 장르의 다작을 했다. 나중에 기사 작위를 수여 받고 레종도뇌르 훈장도 받았다.

않는다. 그는 스크리브에 대해 말한다. 위고를, 뒤 마를, 들라비뉴를, 오베르를, 베를리오즈를 말하고 짧게 앙슬로를 말하기도 한다. 그는 모든 작가를 안 다. 언제나 시내에서 저녁 식사를 하고, 로셰 드 캉 칼\VIII에서 숙식을 받는다. 부서에서 1천 에퀴를 받 고 극장에서는 1년에 7천 프랑에서 8천 프랑을 받 는다. 그가 쓴 작품의 3분의 1 또는 절반에 해당하 는 금액이다.

이 공무원은 결혼하지 않았다. 하지만 극장에 서 할 '일'이 있다. 일에만 몰두한다. 그의 머릿속에 는 무대나 작품 생각밖에 없다. 일상생활에서 그는 여느 공무원과는 다른 생각을 한다. 어떤 소재나 주 제를 찾기 위해 사무실에서 소설을 읽기도 한다. 그 의 동료들은 그가 괜찮은 사람이라고 여기기 때문에, 아무 때나 출근해도 아무런 말도 하지 않는다.

또 다른 부류는 연극을 만드는 대신 책을 쓰

XIII　Rocher de Cancale: 파리 2구에 있는 식당. 나폴레옹 집정관 시절 때 문
　　을 열어 1845년에 문을 닫았다가, 다시 옛 전통을 되살려 이름은 그대로
　　살리고 위치는 약간 떨어진 곳에 자리잡은 식당이다.

는 자들이다. 그런데 이들의 실존은 보드빌 작가와
는 달리 빛을 발하지 않는다. 해마다 700프랑에서
800프랑 정도의 웃돈을 벌면서 2년에 한 번씩 소설
을 뺄어낼 뿐이다. 하지만 신문에다 익명으로 비평
을 쓰기도 한다. 몽티용 상[XIV]을 받기 위해 글을 쓰
는 것이다. 그는 앞의 보드빌 작가보다 더 막막하
고 답답한 삶을 산다. 그래도 레지옹 도뇌르 십자
가 훈장을 갖고 있다. 사무실에서는 다른 어떤 동료
보다 근면하다. 왜냐하면 독립적인 삶을 누릴 수 없
고, 공연장 티켓이나 특별석을 구할 능력도 없기 때
문이다. 그는 프랑스 언어와 싸울 뿐이다. 남는 시
간에는 초고를 교정한다. 자기 재능에 대한 확신도
없어 승진할 기회가 생기면 그 기회를 놓칠 수 없어
근면하게 일하는 것이다. 결국은 기회를 잡느라 작
가로서 글 쓰는 일을 포기하기에 이른다.

XIV 아카데미 프랑세즈와 아카데미 데 시앙스가 주는 상으로, 1782년에 제정
되었다. 사회의 미덕과 풍속에 기여한 문학 작품이나 비평을 쓴 작가들에게
주는데, 발자크는 젠체하는 그 특유의 태도를 싫어했고, 보들레르 역시 이
상에 대해 상당히 비판적이었다.

겸직자　이 공무원은 자기 직종에서 유명하다. 저녁에는 오페라 코미크에서 클라리넷 또는 오보에를 연주하는 음악가이거나 아침 7시부터 저녁 9시까지는 한 상인의 회계사이다.

극장에서 나무 조각을 불고 아침부터 피땀 흘리며 9천 프랑을 번다. 매력적인 아내와 예쁜 가정을 이루고 산다. 겸직자는 예술과 예술가들을 양성한다. 열정적으로 연주회를 열고 각 부서 공무원들을 무료로 초대하기도 한다. 이들은 연습을 위해 상당히 근면해야 할 필요가 있다. 기량이 뛰어난 음악가라면 총연습 때만 간다. 관대한 정부는 이들이 부처에 가서 일하든 극장에서 일하든 다 봐준다. 게다가 그는 자신의 뒤를 이어 오케스트라를 물려받을 어린 재능을 열심히 양성한다. 그의 아내는 아주 어여쁘고 재산도 좀 있으며 독립적이다. 아내는 남편을 저녁 식사할 때만 주로 보는데, 이때 각 부서장을 초대해 좋은 관계를 만든다. 더불어 이 겸직자의 승진은 수월해진다. 부인은 수요일마다 남편을 맞이하여 훌륭하고 품격 있는 아내 역할을 한다. 이 여인들은 단장하는 데 제법 돈을 쓰지만, 가계에 무리가 갈 정도는 아니다. 자식들은 반액 장학금을 받는다. 이 겸직자는 장난기 있는 재치의 소유자이기도 하고, 내면의 행복을 즐길 줄도 안다. 좀 통통하고 '천방지축'일 때도 있다. 그러니까 자유로운 예술가로 나름대로 감각 있는 사람이다. 부서장은 그 사람한테 약간 위협을 느낄 수 있는데, 그래도 이렇게 말한다. "그는 아주 섬세한 사람이지." 어쨌거나 이 겸직자는 일을 열심히 하는 자이다. 재치도 있고 언어유희도 즐길 줄 알며 자기 할 일을 신속히 해치우는 사람이다.

고리대금업자 이 공무원은 끔찍한 얼굴을 하고 있다. 두 가지 존재 방식이 있지도 않다. 보이는 그대로다. 창백하거나 젓가락처럼 길거나 푸르딩딩하거나 앞머리가 벗겨졌거나 홍채 색깔이 서로 다르거나. 아니면 얼굴이 늘 얼얼하게 취해 있거나 곰보이거나 붉은 색채를 띤다. 그의 피는 아마 하얗거나 탁할 것이다. 그는 투기로 공무원이 되었다. 자기 자본이나 이윤은 전혀 건드리지 않고 남의 돈

으로 살아가는 자이다. 과묵한 그는 절대 웃지 않는다. 모든 시간을 업무에 할애하므로 행정면에서 모르는 게 없다. 입술이 얇은 그는 상담을 잘해주긴 하지만 뻐기면서 해준다. 그는 자기 작전에 대해서는 입을 꾹 다물고 있기에 사무실에서는 아무도 그가 뭘 하는지 모른다. 그의 실무는 주로 집에서 이루어진다. 7시부터 9시까지. 아니면 5시부터 6시까지, 단 매달 보름과 말일은 제외하고. 그의 저녁 파티는 알 수 없는 신비다. 와서 물어보고 뜰에 내려와 이런저런 한담을 시작하는 것은 그인데, 곧이어 그는 말하기보다 듣기만 한다. 이어 그가 잘 모르는 사람들이 그에게 와서 이런저런 서류를 보여주는데, 그러면 그는 냉담한 표정으로 그 서류를 바라본다. 그리고는 조용히 집안으로 올라간다. 그리고 자기 작업에 다시 들어간다. 그는 경첩 달린 황금빛 코담뱃갑을 갖고 있다.

아첨꾼 이런 공무원은 대개 무능하기 짝이 없는 시시한 자들이다. 그나마 뭔가 봉사를 해야 버틴다. 아니면 지레 겁을 먹고 있다. 사무실에서는 주로 부장이나 차장 등 상관들과 이야기 나누는 걸 좋아한다. 늘 상관을 관찰하기에 그들의 속사정을 잘 안다. 결국 그들 취향이며 변덕, 기질 등을 꿰뚫는다. 그래서 모든 종류의 봉사를 한다. 사무실에서 들리는 말이나 벌어진 일 등을 다 알려준다. 이런 그가 경멸스럽긴 하지만, 그래도 살아남는다. 그는 너무 많은 비밀을 알고 있기에 필수 불가결한 자가 된다. 이런 어마어마한 사기 혹은 기만행위에 약간의 재능과 야망만 곁들인다면, 그는 때론 성공할 수 있다. 사람들은 그가 헌신적이라고 말한다. 사실상 그는 헌신한다. 침착하고 담대하게 모든 불행과 역경을 참는다. 그의 힘이나 인내를 그 누구도 잘 설명할 수 없다. 사람들은 그가 비열한 것을 알면서도 손을 내민다. 사람들은 그를 예수회파[XV]라고 부른

XV 16세기 스페인 귀족 출신 로욜라가 만든 종파이다. 그는 군인이었다가 부상과 그로 인한 어떤 심적 연유로 종교에 전념해, 수도사에게 군인 같은 엄격한 규율을 부여하였다. 스페인, 포르투갈 등 서구 유럽의 지리상 발견의 시대와 궤를 같이하며 중국, 인도 등 동아시아에서도 포교 하였는데, 현지인의 삶이나 그곳 전통문화와 종교를 무시하고 전통 사원을 파괴하거나 이단으로 규정, 심문하는 등 극단적인 포교 활동을 하였다. 서구 유럽에서는

다. 공개적으로 알리는 건 조금만 하고 정탐을 많이 한다. 그러니 적중한다.

상인 이런 종류의 공무원은 제법 흔하다. 대부분은 결혼해서 부인이 있는데, 부인도 제법 부자다. 속옷이나 여성복을 만드는 재단사이거나 캐시미어나 최신 유행하는 신제품을 파는 상인들이 많다. 행정 부처 사람들은 이들을 아주 좋아하는데, 자신의 운명에 만족하며, 급료도 그 정도면 충분하다고 생각하기 때문이다. 이 공무원 부인들은 남편이 정부 부처에서 일하는 것에 만족한다. 이런 부류의 공무원들은 탁월한 일꾼이자, 탁월한 남편이며, 탁월한 가장이다. 그 때문에 부인은 온종일 남편 뒤치다꺼리를 하지 않아도 되고, 집에서는 여주인 노릇을 톡톡히 할 수 있다.

이 공무원들은 환상적인 가정을 만든다. 남편은 일요일이나 휴일에만 모습을 비친다. 오후 5시

대학기관이나 궁정 내 기득권 세력으로 자리 잡기도 하였다. 발자크가 아첨꾼을 예수회파라고 비꼬아 표현한 데에는 이런 맥락이 있다.

에서 7시 무렵이면 귀가하는데, 아내의 책을 정리하거나 갱신해주고 현금 수입을 결산하러 서재로 들어간다. 큰 업무 처리에 있어 그들의 활약은 눈부시다. 이들과 협상해본 자라면 자기 기관의 이익을 지키는 데 그야말로 달인이라는 것을 알고는 깜짝 놀란다. 이 상인들은 상사나 일용잡화점 아니면 식료품 가게나 서점 출자자이다. 국고를 관장하는 재무부 공무원 중에는 스크리브^{xvi}의 극작품을 산 자가 있는데, 이 사람은 폴레라는 사람이었다. 그는 다른 여러 소설 작품도 샀다. 그런데 공무원이 이런 장사에 너무 흥미를 느끼면 관공서에서 일하는 건 좋지 않게 되고, 결국 둘 중 하나를 그만둬야 한다. 때론 그의 초기 자본까지 잠식할 정도로 너무나도 무모한 사업에 뛰어들어 불행한 공무원이 되기도 한다. 진중한 사람들이 한 번에 두 가지를 하는 것은 잘못이라고 말하는 이유이다. 이런 속담도 있다.

XVI 외젠 스크리브(Eugène Scribe, 1791~1861): 프랑스의 극작가. 1834년 아카데미 프랑세즈 회원으로 선출되었으며, 당대에 그렇게 유명세를 날리던 데 비해 오늘날에는 완전히 잊힌 존재가 되었다.

두 마리 토끼를 잡지 마라.

공붓벌레 이 자는 아주 진지하게 경력을 닦아왔다. 물건에 대해서도, 사람에 대해서도, 업무에 대해서도 하나하나 배워갔다. 행정부 관할기관을 하나하나 뚫고 들어왔다. 자신의 국가를 사랑하는 그는 거기서 승부를 본다. 어렵게 살았던 기억도 있다. 무슨 걱정이 있는지 가끔은 얼굴이 어둡다. 그가 무엇을 보고 있는지 도무지 알 수 없을 때도 있다. 하지만 결국 평가를 받는다. 말하자면, 그는 정말 열심히 뛰는 말이다. 집까지 일을 싸서 간다. 사무실에서 이것저것 뒤지기도 한다. 행정 업무 말고는 달리 할 줄 아는 것도 없다. 그는 마침내 전문가가 된다. 견습 선원으로 들어가 해군 소장이 되는 것과 비슷하다. 하사로 들어가 대장이 되고 마는 것처럼 말이다. 그는 의지가 있다. 업무를 철저히 익힌다. 어떤 것에도 싫증 내지 않는다. 어떤 것에도 실망하지 않는다. 그런데 이상한 일이다! 이렇게 열심히 하는데 왜 그를 시기 질투하는지. 모두가 다 이 사람을 어려워한다. 장관이나 실장은 그에게 더 까다롭고 요구하는 게 많

다. 얌전히 말 잘 듣는 말에 채찍을 더 자주 가하는 것처럼. 이 공붓벌레도 가끔은 이 '막사'를, 아니 이 '가게'를 떠나겠다고 으름장을 놓는다. 그러면 다들 붙잡는다. 달래기 위해 상이라도 줘야 한다. 쉰이 되어서야 소원訴冤 심사관이 된다. 의회용 몇몇 법률안을 지지하기도 한다. 결혼도 제법 잘하는 편이다. 사람들은 그를 재무 전문가나 세금 전문 관료로 보기 때문이다.

가난한 공무원 여기 가장 안쓰러운 인물형이 있다. 행복하지도 않고 능란한 사교술도 없고 겸직할 능력도 안 된다. 자기 자리 하나 겨우 지키고 있지만, 그래도 결혼은 사랑하는 여자와 했다. 거룩한 성녀 오귀스틴의 눈으로 보면, 그는 아무것도 가진 게 없으나 정확하다. 시간을 잘 지킨다. 최고로 도덕적이다. 그리고 성문 밖에 거주한다. 부인은 집에서 가사만 하거나 아이 젖을 먹이거나 살림을 도맡아 하면서 돈이 되는 일이면 뭐라도 하는 여자다. 이들은 1천 800프랑으로 산다. 따로 1수 정도라도 생기지 않아도 20여 년간 그럭저럭 만족하고 산다. 이 흥미

로운 부부는 아카주 나무로 만든 가구 하나 장만하고 드레스 네 벌, 모자 두 개, 해마다 여자 구두 한 켤레, 또 남편의 장화와 상·하의 의복 정도 사면 성공했다고 생각한다.

배와 손 사이의 투쟁 속에서 지성은 사라지거나 더 커진다. 이 가난한 공무원은 자동접이 코르셋, 수유기, 소방펌프, 파라크로트[XVII], 장작을 안 때도 되는 난로, 종이 석 장만으로도 갈비를 구울 수 있는 화덕을 발명한다. 발명 특허를 내기 위해 자금을 빌려준 사람에게 도리어 사기를 당해 다시 가난의 구렁텅이로 떨어지기도 한다. 아니면 은퇴할 나이가 되어 이제 다른 특수 행정 부서에서 뭐라도 할 일이 없나 찾아보기도 한다.

은퇴하기 전에 죽으면 부인이나 자식이 어떻게 될지 아무도 모른다. 장관들은 이런 가난한 희생자들에 대해서까지 굳이 걱정할 여유가 없다.

XVII 파리는 19세기만 해도 길이 포장이 안 되어 있었기에, 걸을 때마다 바지나 신발에 진흙이 많이 묻곤 했다, 달리는 마차 바퀴들이 행인들에게 흙탕물을 튕기기도 했는데, 이것을 방지해주는 기구이다.

제10장

요약

관료 사회에서 모든 것이 왜 이렇게 느릿느릿 진행되는지 여러분은 이제 그 이유를 알게 되었을 것이다.

국가는 공무원에게 아주 적은 비용을 들이지만, 공무원은 두 배의 실존을 요구받는다. 정부 일과 산업 일 둘 다 공유하면서 해내야 한다. 그 결과 일은 더 힘들어지니 천천히 진행하는 수밖에 없다. 달리 어찌할 도리가 없는 것이다.

그렇다면 사람들은 로스차일드 가문은 도대체 이걸 다 어떻게 해냈는지 자문한다. 재무부 장관 이상으로 상세한 사항을 모두 다 알고 있어 자본을 움직일 줄 알고 프랑스만이 아니라 영국, 스페인, 벨기에, 오스트리아, 나폴리, 교황청, 대투르크 같은 나라의 자산과 재정을 들여다보고 있으니 말이다. 프랑스만큼 이자를 지불하면서 프랑스 재무부가 1천 명 이상의 직원을 두고 하는 일을 고작 20명의 사무직이 해내니까 말이다. 로스차일드 가문에 고용된 20명의 직원은 프랑스 재무부 10배 이상의 일을 한다. 그러나 이들은 미래가 있다. 이렇게 일을 배워 은행가가 되고 만다. 어떻게 수백만을 버는지 알고 싶어 한다. 그들의 노력에 비례하는 보상을 받을 것을 예상할 수 있는 것이다. 이에 반해 프랑스 공무원의 미래는 비참하다. 명예로워 보이지만 명예롭지 않고 돈을 불리는 비법 같은 건 배우지 못한 채 소비만 배운다. 한때 프랑스 행정부에서 업무 성과를 달성해 그에 준하는 보상을 받긴 했다. 적어도 부처 한 군데서 미래의 콜베르, 르텔리에, 드 리온 등'이 나올 거라 기대했다. 오늘날에는 행정관이 되

I   콜베르(Jean-Baptiste Colbert, 1619~1683): 루이 14세 시대의 재무장관으로

기 위해 우선 의원이 되어야 한다.

업무 조건에 따라 급료가 비례하는 것은 아니다. 1만 2천 프랑을 받는 공무원 100명이 1천 200프랑 받는 1천 명의 공무원보다 일을 더 잘하고 신속하게 할 수 있다. 하지만 그런 식으로 속도를 높이면 기계가 고장나 아예 다시 만들어야 한다. 그러나 그 누구도 이를 연단에서 말할 용기가 없다. 반대 견해를 피력하거나 언론에서 하듯 노골적으로 풍자할 수도 없다. 그 결과 정부와 관공서 간에 연대감이 전혀 없게 된다. 장관은 연대를 원하지만 불가능하다. 사안과 결과 사이에 끝없는 지연이 생길 뿐이다. 1에퀴도 훔치는 것이 불가능하다면, 이익을 도모하는 선에서 공모와 결탁은 가능하다. 불시에 습격해도 못 찾아낼 비밀스러운 조작에 가까

국가 예산의 균형을 맞추기 위해 수입을 늘리고 지출을 줄였으며 국왕에게 간언도 서슴지 않았다("폐하께 감히 아뢰오니, 폐하께서는 전쟁으로 혼란스러울 때나 평화로울 때나 지출을 결정할 때 재정 상태를 고려하신 적이 없었습니다. 불필요한 일에는 단 1상팀도 아껴야 합니다"). 르 텔리에(Michel Le Tellier, 1603~1685)는 루부아 국방부 장관의 아버지로, 루이 14세 때 마자랭 재상하에서 전쟁 시 국무장관으로 임명되기도 했다.

운 작전은 펼칠 수 있다. 결국 공무원들은 어린 나이에 관청에 들어가 고참에 오르는 동안 자신만의 견해를 형성한다. 그들은 두뇌에 달린 손들이 아니다. 다시 말해 정부 생각대로 움직여주지 않는다. 공무원은 정부와 반대로 이야기할 때도 있다. 정부 반대편 당에 투표할 수도 있고, 정부를 심판할 수도 있다.

이제 파리 관공서에는 상하식 복종 관계가 통하지 않는다. 서기직이 샹젤리제를 거닐다가 멋진 마차에 예쁜 아가씨를 태우고 가는 상사를 만나면 놀려댈지 모른다. 지방에서는 부장급 고위직이 지사를 만들기도 하고 지사를 망치기도 하는 등 아주 중대한 것을 결정하지만, 파리에서는 아무것도 못할 수 있다는 것이다. 우리는 나폴레옹이 그토록 소중히 여긴 정장과 제복을 다 물리치면서 생각보다 많은 것을 잃었다".

---

ll 『공무원 생리학』에서도 발자크의 정치적 입장은 분명하게 드러나 있지 않은데, 그 어떤 당파든 넌지시 비꼬는 풍자가의 면모가 있다. 가령, 이 문장만 하더라도 나폴레옹 제정 시대나 군주권 시대에 대한 은근한 향수도 엿

모든 공무원은 사무실에 9시에는 출근하지만, 대화하고 설명하고 토론하고 깃털 펜 다듬고 밀통하다 보면 벌써 오후 4시 반이다. 노동 시간 가운데 50퍼센트는 이렇게 날아간다. 20만을 지불하면 되는 일에 1천만을 지불하는 꼴이다.

우리가 여태까지 묘사한 공무원들은 바로 기계의 톱니바퀴 같은 것으로, 이제 그 주요 기관機關이·어떻게 생겼는지 살펴보자!

볼 수 있다. 문학 평론가들 사이에서도 발자크의 정치적 입장은 모호한 것으로 평가되는데, 그도 그럴 것이 7월 왕조에서는 정통왕조를 지지했지만, 그 이전에는 상당히 자유주의적이고 진보적인 신념을 드러냈기 때문이다. 1840년과 1848년 혁명 때는 노동자들을 지지했다(물론 그의 소설에서는 이를 본격적으로 다루지는 않는다). 때론 자신의 보수적인 견해를 고백하기도 한다. 그의 작품은 마르크스와 엥겔스의 찬사를 받기도 했다. 발자크는 때로는 무정부주의나 혁명에 적극적으로 찬동하기도 한다. 많은 연구가가 발자크의 정치사상에 대한 연구를 시도했지만, 뚜렷한 결론을 내리지 못한 것은 1820년대 발자크와 1830년대 발자크, 1840년대 발자크가 모두 다르기 때문이다. 그러나 문학적 견지에서 하나의 통일된 정치관을 주장하기보단 이를 초월, 다질적이고 다양한 종잡을 수 없는 정치 성향을 더 '발자크적인' 것으로 보기도 한다.

제11장

국장

지금까지 당신이 그려본 모든 유형 중 인상학에서 단연 흥미로운 것은 관공서 각 부서의 우두머리인 국장인데, 군대의 대령 같은 존재이다. 아니면 대령보다는 대학의 이사와 비슷하다. 마흔이나 쉰이 되기 전에는 국장 자리에 오를 수 없다. 이런 직위에 오를 정도로 탁월한 사람이 되려면 왕성하게 일하는 타고난 기질을 가져야 하며 결출한 자질이 있어야 한다.

아주 열심히 일하는 자만이 국장 자리에 오를 수 있다. 그래서 그 나이에 벌써 지친 얼굴이지만 스스로에 대해서는 충분히 만족한 표정을 짓는다.

거의 항상 잘 차려입고 다니는 편이며 머리숱은 많지 않다. 화려하게 입는 일이 거의 없지만, 화려하게 입어도 그다지 인기는 없다. 아무리 꾸며도 별티가 나지 않는 유형이라 그렇다. 이건 다른 직업을 가진 사람에게 맡기는 게 낫다!

국장 가운데는 더러 착하고 둥글둥글한 사람도 있지만, 대부분은 비꼬는 표정 아니면 폭군 같은 인상도 많다. 이들은 늘 불평불만이다. 사람도, 물건도, 장관도 다 마음에 들지 않는다. 그들이 지닌 강한 신념이 무엇인지는 이미 앞장에서 말한 바 있다. 사방이 벽으로 둘러싸인 곳에 갇혀 지내거나 아니면 넓은 들판에서 지내다 보니 이런 말을 하지 않을 수 없는 사람이 된 것이다. "관공서처럼 웃긴 게 없지!"

이들은 이론상 가능하지만 실제로는 불가능한 것을 보았다. 약속한 것과는 전혀 다른 결과가 나온 것도 보았다. 그는 아무것도 믿지 않으며 모든 것을 믿는다. 모든 것을 체념한 그들은 그저 할 일을 끝낼 뿐이다. 빌라도가 예수 그리스도를 심판하며 손

을 씻은 것처럼' 말이다. 그들은 특유의 미소와 눈
빛을 하고 있다. 파리 사람들의 인상을 잘 아는 사
람이라면, 합승 마차를 타고 가는 누군가가 훈장 장
식이 달린 푸른색이나 검은색 신사복을 입고 피곤
함에 절어 얼굴이 해쓱하다면 주저할 것 없이 "아,
국장이네!" 하고 말할 것이다. 빌맹 씨 같은 섬세
한 미소는 없지만, 앙리 모니에" 씨의 미소 같은 약
간 환멸을 느끼는 표정과 피곤한 얼굴에서 샤를 노
디에''' 씨를 바로 떠올릴 수도 있을 것이다.

　사무실에서 국장은 '개' 아니면 '착한 아이' 중
하나다. 이 두 성격밖에 없다.

I　　신약성서 「마태복음」에 나오는 일화로 로마 티베리우스 황제 때 유대 총독
　　을 지낸 본디오 빌라도는 민란이 일어날 것이 두려워 예수에게 십자가 처형
　　을 내리고, 군중 앞에서 한 가지 의식을 행하는데, 물을 가져다가 그들 앞에
　　서 손을 씻은 것이다. 이 일화에서 유래된 것인지 '손 씻었다'라는 말은 어떤
　　사건에서 손을 뗀다는 의미로 통한다.

II　　앙리 모니에(Henry Bonaventure Monnier, 1799~1877): 프랑스의 풍자작가이
　　자, 삽화가, 극작가, 배우이다. 발자크의 작품에도 많은 삽화를 그렸다.

III　　샤를 노디에(Charles Nodier, 1780~1844): 프랑스의 작가. 프랑스 낭만주의 문
　　학에 크게 기여했다. 아카데미 프랑세즈 회원이자 프랑스 골동품상 협회 회
　　원이기도 하다.

그러니까 '개'는 거칠고, 깐깐하고, 귀찮게 굴고, 예민한 자들이다. 이들 중에는 건강이 안 좋은 사람이 많다. 어디서 억울한 일을 당하고 오면 직원들에게 화풀이한다. 공개적인 장소에서 여러 사람을 만날 때는 거만한 태도로 잘난 척을 하지만, 직원과 단둘이 있을 때는 지극히 날이 서 있다. 거절할 때도 부드럽게 하지 않는다. 그의 집안에는 교수, 판사, 질투심 많은 학자 등이 있다.

'착한 아이'는 그러니까 조용하고, 온순하고, 너그럽되, 누구한테 속아 넘어가진 않는다. 건강 상태는 양호하다. 이런 종류의 국장은 성적인 매력도 풍기는데 '여자들에게만큼'은 아주 사랑스럽게 군다. 외모도 출중하여 사교계에서 인기가 많다. 이들은 자기가 하기 싫은 일을 남한테 시키는가 하면, 그 일이 얼마나 고통스러운지 똑똑히 보여주듯 질책하기도 한다. 보통 이런 국장과 다른 직급 사이에는 선명한 경계가 있다. 대령이 장군들과 잘 지내는 것처럼 국장은 실장과는 잘 지낸다. 왜냐하면 위로 올라갈수록 행동이나 사고가 단순해지기 때문이다. 지평선이 펼쳐지고 단추 장식에는 꽃이 피어나고 얼굴에는 성격이 묻어나오고 배는 앞으로 점점 나오고. 이 정도 대우면 파리에서 '제대로 살 수 있다'.

제12장

실장

국장은 아직 평범한 사람이지만, 실장은 항상 탁월한 사람이다. 앞서 이미 말했지만, 부장이 거의 청장 같은 최고 간부라면, 실장은 자신을 국가를 운영하는 정치인으로 여긴다.

실장의 불행은 국장의 불행과 너무나 흡사한데, 그들 사이 실제로 존재하는 것은 급료와 호칭뿐이다. 실장은 항상 우수한 자질을 지녀야 하기 때문이다. 왕실 연감에 올라 있는 이 이력을 판단해보시라.

뷔로-르슈뱅 씨, 인사부장, 레종-도뇌르 수훈자, 생-루이 기사, 벨기에 리옹 기사, 스페인 성聖페

르디난도 기사, 러시아 성聖블라디미르 기사, 학사원 제3급 위원, 소원訴願 심사관, 센 지방 의회 의원 및 도의회 의원 외 화려한 이력과 그 밖의 '기타 등등'.

실장은 부하 직원들을 보호해준다. 이른바 '영국인의 날", 그러니까 공청회를 만들어 바람을 좀 쐬게 한다. 그들 입장에서 채권자를 오게 해 자기들 같은 채무자와 서로 이견 조정을 하는 것이다. 이 의젓한 실장은 자신을 상대하는 채권자들을 혹독하게 다루어 타개책을 만들고, 결국 급료에 대해 가타부타하지 못하게 만드는가 하면, 때로는 장관이 비명을 지르면서라도 자기들한테 진 빚을 갚게 만든다. 그는 정말 자기 부하 직원들의 아버지가 되기 위해 노력한다.

앞에서도 말했지만, 실장은 장관이 당장 쓸 수 있는 현금이다. 즉 그를 좌지우지하는 영혼이고 지

ㅣ 어원은 정확히 알 수 없으나 중세 때부터 프랑스가 영국과 늘 경쟁 및 협력 또는 혈연관계로 묶여 상호 갈등하거나 상호 화해하며 살았던 데서 이런 비유법을 쓴 것 같다. 채권자와 채무자도 비유적 표현이다.

배인이다.

실장의 활력과 존재감, 영예를 결정하는 것은 바로 보고서다.

왕이 장관을 두기 시작한 것은 루이 14세 때부터이다. 이들은 중요한 국사國事가 생기면 국왕에게 보고서를 제출해야 했다. 그러면서 알게 모르게 서서히 장관은 왕처럼 행동했다. 그도 그럴 것이 일곱 명 정도의 주무 장관이 한 명의 왕에게는 당장 쓸 수 있는 현금이기 때문이다. 이제 장관들은 두 의회나 왕의 내실에 가서 자신을 방어하느라 바쁘다. 그리고 언제나 보고서에 끌려다닌다. 행정부에서 무슨 위급한 일이 생기면 장관은 우선 "제가 보고서를 요청해놨습니다"라고 말하면서 급한 불을 끄는 셈이다.

여기서 보고서란 법을 제정하는 의원들이 볼 수 있게 의회에 제출하는 것으로, 결국 업무를 위한 것이자 나중에는 장관을 위한 것이다. 약간의 편파성을 가지고 반대 또는 찬성을 위한 이유를 제시하는 참조 자료이다.

사안에 대해 깊이 알고, 결정을 내리고, 그것을 실행하는 자가 장관인 것처럼 보이지만, 천만의 말씀! 프랑스를 지배하는 보고서가 이 일을 다 하는 것이다. 대령부터 원수까지, 경찰서장부터 국왕까지, 지사부터 장관까지, 의회부터 법안 가결까지 보고서에 보고서에 또 보고서다. 모든 게 생생한 목소리와 문서로 토론되고, 저울질하고, 다시 저울질해서 보완된다. 그런데 모든 게 문학적 형태를 띤다. 프랑스는 보고하고 또 보고한다. 그토록 아름다운 보고서를 썼음에도 프랑스는 망가진다. 행동하는 대신 글로, 말로 개진하느라 시간을 다 보내는 것이다. 프랑스에서는 연간 문서로 작성된 보고서가 1백만 개다. 관료주의가 지배하지 않으래야 않을 수 없는 것이다.

한 장관이 당신에게 가장 아름다운 보험을 들어줬다면, 당신이 사무실로 들어오는 즉시 누군가가 이런 말을 할 것이다. "장관님께 보고서를 내야 합니다." 실장이 무시무시한 기질이라면 당신은 이제 칼을 맞느냐 곤봉을 맞느냐의 길림길에 서 있게 된 것이다. 그래서 다음 명제가 나온다.

명제 11

보고서란 미루기다. 때론 얼른 가져오기다[II].

그런데 한쪽을 택하려면 얼마간의 시간이 필요하다. 그다음엔 무엇이든 결정만 하면 된다. 찬성 또는 반대를 위해 전투를 하면 할수록 판결은 덜 성스러워진다. 프랑스의 가장 아름다운 것들은 보고서 없이 즉흥적인 결정을 할 때 만들어진다.

실장은 두 개의 목발을 짚고 다니는데, 하나가 보고서고, 또 다른 하나가 논문이다.

우리는 마다가스카르[III]를 우리의 보터니-베이

II 이 문장은 프랑스어를 유희하고 있어 우리말로 완벽하게 전달되지 않는다. 프랑스어로 '보고서'는 rapport이다. re(다시)+apporter(가져오다)에서 파생, 조합된 것이다. apporter는 porter(들고 다니다)에서 파생했다. '미루기'(연기, 지연, 이월, 연체)는 프랑스어로 report이다. '가져오기'는 프랑스어로 apport이다. 다시 말해, 'rapport', 'report', 'apport'를 언어 유희적 표현으로 보고서란 미루면서도 얼른 가져와야 하는 모순적인 일이라는 의미이다.

III 지각운동으로 아프리카 대륙에서 떨어져 나와 남동쪽 인도양에 홀로 떠 있

IV로 만들었다. 이 나라를 고용할 수단은 무엇인가? 어떻게 할 것인가? 해외 식민지 개척 부장은 그곳에서 1년을 보내면서 논문을 준비한다. 식민 가능성이 점쳐지고, 이런저런 자원 정보가 제공된다. 이렇게 쓴 논문이 상자에 들어가면 그냥 거기 잠들어 있거나, 아니다! 혹여, 사태가 급박하게 돌아가면 당장 그 논문대로 집행된다.

한 발명가가 해양부에 바닷물에서 소금기를 빼는 방법을 제안하면, 장관은 당장 보고서를 요청한다.

보고서에 따르면 그건 너무나 어렵거나, 아니 불가능하다. 해양부는 100년 전부터 이런 종류의 제안에 혹하다 불발되는 통에 지쳤다. 보고서는 학자위원회를 구성하면 어떻겠느냐고 제안한다. 프

는 커다란 섬나라이다. 인간의 발길이 닿지 않아서인지 천연의 자원과 풍광을 자랑하며, 바오밥 나무 같은 기이한 나무들과 신선한 과일이 많아 18세기 유럽 해적들이 단골로 들르던 곳이었다. 1811년 영국 식민지였다가 1896년부터는 프랑스 식민지였고 1960년 독립했다.

IV   오스트리아 남동부 시드니 근처의 만으로 본국 영국 죄수들의 유배지였다.

랑스에서 진력이 난 학자는 영국으로 가고, 자기 기법을 거기서 판다.

아시겠는가? 이게 바로 실장이다. 유명한 얼간이가 될 수 있거나 무명의 위대한 자가 될 수 있다.

제13장

사환

인간 피라미드 중 가장 높은 곳에 장관이 있다면, 맨 밑바닥에는 누가 있을까? 저 구석이나 지하 동굴, 아니면 알록달록한 색깔로 가장자리가 마감된 푸른 제복을 입고 가림막 뒤에 숨어 있는, 그래도 마냥 행복한 자, 바로 사환이다.

관공서에서 사환으로 일하는 아이는 저녁이면 극장 문에서 외출 표¹를 바꿔주는 사람으로 변신하거나 작은 창살이 달린 창구의 접수계원, 아니면 석

---

¹ Contremarque: 극장 공연 중 막간에 잠시 외출하는 사람들에게 배부하는 표.

181

간신문 배달원으로 변신한다.

사환은 관청 수위 그 이상은 될 수 없다. 하기야 오늘날에는 이런 수위도 많이 없다. 장관이나 청장들이 신체, 외모, 장딴지, 자세, 태도까지 요구하기 때문이다. 이 자리는 군대로 치면 원수의 단장격이 되어, 사환 신분으로는 가기 힘들어졌다.

진정한 관공서의 기둥이며 관료사회의 인습을 꿰뚫고 있는 전문가이지만, 사환이 꼭 필요한 사람은 아니기에 행정부 경비를 충당하면서까지 그들의 옷을 입혀주고 난방을 대주지는 않는다. 이들은 근검한 태도로 소박하게 살면서도 언젠가는 꼭 진짜 공무원이 되기를 꿈꾸는데, 우선은 다른 공무원들을 관찰하며 무료함을 달래는 수밖에 없다. 이들은 다른 공무원들의 버릇도 알고 심지어 이들이 얼마까지 대출받을 수 있는지도 알고 있다. 몰래 이들의 심부름을 해주며 수수료를 받기도 한다. 사환들은 자기 상관들을 위해 몽-드-피에테"에 저당 잡히

II   Mont-de-piété: 저당물을 잡고 돈을 빌려주던 곳. 주로 돈이 없는 가난

거나 저당을 되찾아오기도 한다. 이런 식으로 이자 없이 돈을 빌려주면서 자기를 인정하게 만드는 것이다. 그러니 그들에게 약간의 상여금이라도 주지 않고는 빌릴 수 있는 액수도 약하다. 대출 기간도 짧다. 한 주의 절반? 그래도 가장 확실하고 나름 남는 장사다.

주인 없는 신하는 별로 한 것 없이 5시면 제복을 벗는다. 이들은 700에서 800프랑의 급료를 받는다. 새해 선물이나 감사 선물로 1천 200프랑의 사례금이 나가니 이건 다른 공무원들과 비슷한 수준이다. 저녁에 뛰는 다른 업종으로 대략 300프랑 정도 번다.

이들의 부인은 간병 일을 하거나 캐시미어를 깁고 아니면 레이스 제품을 세탁 또는 수선한다. 방물장수나 담배 가게 점원도 있다. 아니면 부유한 저택의 수위를 하면서 남편만큼 번다.

파리에 집이 있는 경우는 드물다. 서른이 넘어

한 자들이 많이 이용했고, 지금도 파리에 있다.

서야 600프랑의 보조금을 받는다. 보조금 장부를 보면, 1천 300에서 1천 400프랑을 받고 은퇴한 사환들도 심심찮게 볼 수 있다.

이 말단 공무원의 얼굴은 생각보다 훨씬 재밌다. 왜냐하면 진짜 철학자는 드문 법이기 때문이다. 절대 독신자가 아니다. 이 사환은 관공서의 철학자이다.

이들은 사무실에서 일어나는 모든 걸 다 보기 때문이다. 공무원 사회에 대한 나름의 비평과 정치학을 가지고 있다. 대중들 눈에는 그들이 오히려 비중 있는 사람이다. 이 광활한 술탄 궁정의 환관들 같기 때문이다. 할 일이 없을수록 그들의 불평은 늘어난다. 만일 오전 중에 두 번씩 불려가거나, 이 장관실에 갔다가 저 장관실에 가는 일이 세 번 이상 생기거나, 이 부서 저 부서를 번갈아 가는 일이 생기면, 자기가 무슨 라켓 두 개 사이를 왔다 갔다 하는 깃털 공인 줄 아냐며 불평한다.

이것이 바로 사환이 바라는 아름다운 이상이다. 그런데 1830년 다음과 같은 심오한 정치사상에 의해서만 생겨날 수 있는 큰 국가적 운동이 있었다. 바로 이런 사상이다. "너 거기서 나와. 그래야 내가 들어가지!" 이게 바로 모든 자유주의자를 이끈 기치였다. 관료 사회도 적잖게 동요했다. 바닥부터 정상까지 다 뒤엎어지는 대이동이 있었다. 상관 얼굴이 자꾸 바뀌는 걸 그다지 좋아하지 않는 사환에게는 이런 혁명이 좀 께름칙한 거였다. 우리 친구 하나가 이른 아침 사무실에 출근했다가, 사환 두 명이 이런 대화를 나누는 걸 들었다고 한다. "어떠냐, 너희 짱은?"

여기서 '너희 짱'은 실장을 뜻한다.

"말도 마. 도대체 내 일을 할 수가 없어. 자기 손수건 어딨는지 봤냐, 코담뱃갑 어딨는지 봤냐 시도 때도 없이 불러대. 최소한의 품위라도 있으면 까짓것 내가 당장에 갖다주지. 한데 이렇게 말해주고 싶다니까. 저기, 저, 전임자께선 위신을 생각해서인지 일하시는 걸 보여주기 위해서인지 주머니칼로 의자를 다 뜯어놨어요. 그것뿐이겠습니까. 다 어질러놨어요. 그래서 뭐 하나 찾으려면 여기저기 다 찾

185

아야 해요. 정말 소인배이지 않습니까? 하고 말이
야. 근데 너희 짱은 어떠냐?"

"우리 짱? 아, 난 다 훈련했어. 이젠 편지지는
어딨고, 봉투는 어딨고, 자기 목제품이며, 물건들
어디 있는지는 알아. 이번에 온 사람은 뭐 온순한데
대단한 사람이 아냐. 장식품도 없어. 난 꾸밀 줄 모
르는 대장은 별로야. 우리랑 다를 게 없잖아. 좀 창
피해. 사무실 문건을 가져와서는 나한테 저녁에 자
기 집에 좀 가서 도와줄 수 없냐고 하더라?"

"아니, 지금이 무슨 정부인데?"

"그러게, 다들 대충 하는데."

"우릴 자르진 않겠지!"

"무서워! 의회가 바로 옆이야. 다 지켜보고 있
다고. 장작 땔감까지 억지를 부리잖아."

"에이, 뭐 오래 가지 않겠지. 의회에서 이런 사
람 혹시 어떻게 해버리면."

제14장
퇴직자

사무실이나 부처에 고용된 이상 그들의 생각과 외침 속에는 이런 로망만이 유일하다. 자, 그들의 노래 가사를 들어보자. "언제 이 시간이 끝나리오! 언제 그만둘 수 있으리오! 언제 퇴직을 하냔 말이오! 아직도 몇 년이나 남았소. 내 30년이 이렇게 마감되는 거요! 시골에 가서 살고 싶소!"

앞으로 2년, 또는 5년, 아니면 18개월 남은 사람들을 다들 행복하게 바라본다. 그리고 속으로 이렇게 말하면서 각자 미소를 짓는다. "저자들이 나가야지! 그래야 젊은 사람들도 자리가 생기지!"

그런데 막상 그 순간이 자기한테 오면, 무슨

마드무아젤 마르스, 아니 배우가 된 것 같다. 아직도 파릇파릇하고 한창이라며 한 번도 '판단력'이 흐려진 적이 없다고 우긴다. 은퇴를 생각하면 왜 이렇게 경거망동 불안해하는지. 늘 똑같은 야상곡을 노래한다. "이렇게 부당할 수가! 난 수입과 지출이 이제야 맞기 시작했어. 이제야 내 딸을 결혼시켰다고! 난 경험이 많아. 국가는 충분히 내 지식을 즐길 수 있어. 이제 뭐 하나 좀 잘하니 날 해고해? 아니, 별안간 당신이 '가진 것' 절반을 빼앗아간다고 생각해봐! 뭘 할 건데? 이 경력을 가져가려고 날 50년간 부려 먹은 거야?"

이제 이 퇴직 공무원은 어리석은 늙은이들, 그러니까 젊은이들에게 경력을 열어줄 입구를 닫아버린 사각턱 우둔남을 욕하지 않는다. 대신 장관을, 인사부장을 욕한다. 이 늙은 공무원들한테는 차라리 연민이 생긴다. 수레에 묶여 사형대로 끌려가는 사형수처럼 의자에 푹 꺼져 있으니까. 그러나 어쨌든 퇴직해야 한다. 이 지겨웠던 마분지 상자와 이 공기를, 이 끔찍이도 싫어했고 끔찍이도 좋아했던 서류 뭉치와 작별해야 한다.

"이 양반하고 내 집에서 종일 같이 있으면 내가 어떻게 될지 몰라!" 그의 부인은 이렇게 말한다. "그렇게 치사하고 좀스러운 사람이 없어. 손 안 대는 데가 없어. 깐깐하고 세심하고. 정말 이 사람 뭐라도 하게 해야 해. 아니면……" 부인은 여자 친구들한테 이렇게 하소연하는 것이다. 또 이어 말한다. "우리 바깥양반을 몰라서 그래! 그 머릿속에 뭐든 넣어줘야 한다니까. 얼마간은 연금 정산에 신경 쓰느라 괜찮을 거야. 하지만 그다음엔?"

45세 여자가 55세 남자를 재밌게 해줄 방법이 뭐가 있겠는가? 그러니 이제 부부는 눈을 파씨로, 벨빌로, 팡탱으로, 생-제르맹으로, 베르사유[1]로 돌린다.

이 퇴직 공무원은 이제 지치지도 않는, 신문 열독자가 된다. 공고나 부고는 물론이고, 기사 제목

---

[1] 현재 파리 16구, 19구 및 남서쪽 근교 등의 지명으로 당시 도시 개발이 진행되었던 곳이다.

부터 제호 옆 신문 경영인 이름까지 빠짐없이 읽는다. 그 때문에 신문을 읽는 데 세 시간이 족히 걸린다. 그러고 나면 좀 빈둥거리다가 저녁 식사 시간이 오기를 고통스럽게 기다린다. 이런 것도 한번 하고 나면 할 만해진다. 그래도 저녁은 그의 전문 분야다. 그는 사교계에 나가기 시작한다.

많은 퇴직 공무원이 낚시에 몰두한다. 사무실에서 하던 일과 유사한 점이 많기 때문이다. 좀 영악한 다른 자들은 주식을 하며 원금을 잃거나, 때론 기업에서 한 자리 차지하기도 한다.

퇴직 공무원 가운데 시장 또는 부시장이 되는 사람도 있다. 어쨌거나 계속해서 관료가로서의 품위는 유지하는 셈이다.

모두가 과거 습관에서 벗어나지 못해 몸부림친다. 우울감에 빠져들기도 한다. 계속 반복적인 일을 하다 보니 죽을 것만 같은 것이다. 그들은 벌레가 아니라 고독한 상자였다. 파란색 가장자리 테가 둘린 하얀 상자만 봐도 놀란다. 퇴직 공무원의 집단사는 두렵기까지 하다.

사무실에서는 이런 단어가 자주 들리곤 한다. "그 '아무개' 영감이 죽었어!" 일말의 동정심도 없는 말투다. 그러면 들리는 대답은 달랑 이거 하나다.

"저런!" 아니면 "아, 어쩌겠나."

때론 고인의 삶을 묘사하기도 한다. 이런 식으로 말이다. "정말 괴팍하고 이상한 사람이었어."

"아, 그래?"

"그 영감이 자기가 살아온 이력을 일기에 다 써놨다는군. 모자를 얼마 주고 샀는지, 거지에게 얼마 줬는지, 1수까지 다 적어놨다는 거야. 게다가⋯⋯"

"세상에!"

"내 명예를 걸고 하는 말이네만, 자기 달력에다 어느 달 어느 일 앞에는 동그라미를 쳐놨을 걸세."ⁱⁱ

ⁱⁱ 무슨 말인지 모르게 암시만 할 뿐이지만, 맥락에 비추어 보았을 때 매춘이나 오입질을 했을 성싶다.

"말도 안 돼!"

"그 부인이 내게 해준 말이야!"

"정말 상스럽군!"

사무실의 익살꾼이 계속해서 그를 추모한다.

"그 영감이 난로에다 장작더미를 얼마나 처넣던지 우릴 다 삶아 죽일 뻔했어. 뱃속이 늘 겨울처럼 추웠던 거지. 어느 날 아침 사무실에 들어오더니 우리한테 이렇게 말하는 거야. '어머니가 죽었네.' 한데 그 말이 '나 호밀빵 하나 샀네'처럼 들리더군. 그 영감은 늘 잠만 잤어. 일하면서도 졸고. 손에 들고 있던 펜으로 종이에 쿡쿡 점만 찍더군."

"불쌍한 어릿광대 같았지. 열두 달 중 넉 달은 우려낸 차만 마셨다는군. 불행한 자였어."

"농촌 아낙네 몇 명도 죽었을 거야. 그 흉악한 영감 때문에! 정말 지겨운 사람이었지. 그자가 자네를 얼마나 따분하게 만들었나. 자네한테 그자가 해준 게 뭔가? 장작개비 다루듯 다룬 거 말고."

생리학이 주는 교훈

당신이 무슨 중차대한 일로 사무실에 도착하면 이렇게 말하는 사람이 있을 것이다. 괜찮아요, 아주 좋아요, 판화로 묘사하기 딱 좋습니다.

만일 당신의 그 중차대한 일이 미결정 보류 상태에 있다면, 그 판화는 음악이 될 것이다.

긴급한 요청이 있어 달려왔는데, 차장이 안 보일 수도 있다. 그러나 저녁 오페라에 가면 한 친구가 오케스트라에서 코넷을 불고 있는 한 늙은 천사의 얼굴을 보여줄 것이다. 그리고 당신에게 이렇게 말해준다. "자네 일이 바로 저 자한테 달려 있다네."

당신이 당신 아들이나 조카 아니면 어떤 대장이 남긴 고아에게 장학금을 주고 싶다면, 당신이 일하는 건물 안뜰에서 한 공무원을 만나면 된다. 그자가 다 해결해줄 것이다.

재무부에 한 친구를 당신 상사에게 추천하면 당신 상사는 그 친구를 자기 부인의 건물에 추천할 것이다.

명제 12

공무원의 생활은 이중적이다.

관청에 들어가기 위해선 꼬리로 들어가는 게 아닌 머리로 들어가야 한다.

실장이 되기 위해서는 의원이 되거나, 아니면 누구를 못살게 괴롭히는 사람이 되거나, 그러니까 왕정복고 시절에 피에 씨처럼 봉사를 해서 특별한 사람으로 통하면, 실장도 되고 청장도 될 수 있다.

관청의 내실이 곧 의회요, 안뜰이 곧 규방이요, 평범한 여느 길이 곧 지하실이다.

명제 13

어떤 것이 되기 위해서는 모든 것이 되어야 시작된다.

많은 사람이 국가에 봉사하면서 부자가 되는 것으로 생각하지만, 그게 아니다. 국가에 봉사하기 위해서는 먼저 부자가 되어야 한다.

공무원들이 국가 탓이라며 시간을 훔치는 것

과 마찬가지로 국가도 공무원들을 훔친다.

적게 받기 때문에 적게 일한다.

의회는 행정부 일을 원하고 행정부 요원들은 국회의원이 되길 원한다.

정부는 행정 집행을 원하고, 행정부 요원들은 정부를 통치하길 원한다.

법률이 행정 규칙이 되기도 하고, 행정 명령이 때론 법률이 되기도 한다.

해야 할 행정 개혁이 있다.

급료, 수당, 연금 등 혁명 이전에는 존재하지 않았던 것들이 예산의 4분의 3을 차지한다. 좀 너무 많다.

만일 프랑스가 유럽에서 가장 행정을 잘 펼치는 나라라면, 다른 것들 또한 그리되어야 하지 않겠나. 가난한 나라들은 두 의회가 없어도, 언론의 자유가 없어도, 보고서와 논문이 없어도(빈에서는 전쟁부 사무실에서 일하는 공무원이 채 100명도 안 되었다) 잘 살아간다. 이들 나라에도 군대가 있고 함선이 있고 철도는 말할 것도 없다. 이걸 정부라고 불러야 할까,

그냥 고향 같은 조국이라 해야 할까? 하지만 그곳 사람들에게도 정치가 있고 정치는 작게나마 영향력이 있다. 하지만 이들은 '계몽주의적 진보'[III] 단계를 거치지 않았다. 기존 통념을 뒤흔들어본 적이 없다. 자유 발언을 거침없이 하는 웅변가들도 없다. 그들은 야만성 속에 살고 있다. 정신과 사상으로 무장한 자는 프랑스인밖에 없다.

그래서일까. 프랑스 고위 공무원들은 해외에 나가면 어찌할 바를 모른다. 실장도, 청장도 없고 멋진 하사관도 없으니 어떻게 해야 할지 모르는 것

III 볼테르, 디드로, 루소 등 과거 귀족 세력이 아닌 제3신분 세력의 뛰어난 인재들은 구체제 신분사회 및 왕권 귀족 서열사회를 무너뜨린 이른바 사상의 폭파범이었다. 18세기 프랑스에서 발원한 이성의 빛, 계몽주의 철학은 유럽 사회를 일거에 변형시킨 혁명의 전조등이었고, 프랑스는 1789년 혁명을 일으켜 군주제를 타파하고 새로운 입헌 공화정의 시대를 일찌감치 여나, 그 여정은 만만치 않았다. 로베스피에르의 공포정치에 이르러 혁명은 절대 순수를 위해 무섭게 한 방향으로 내달렸으나 불가피한 유혈과 공포, 혼란의 시대를 낳았다. 혁명 사상을 계승한 것이 나폴레옹이었다고는 하나 그의 위대한 열정의 순수 에너지 역시나 멈춤과 제어 장치 없이 작동하며 19세기 이른바 내셔널리즘을 탄생시켜 세계 열강들의 각축전 시대로 진입하게 했다. 근대화, 산업화, 무기화를 통해 이제 세계는 20세기에 들어와 세계대전이라는 인류상잔의 비극을 구현하였다.

이다. 훌륭한 이유로 이런 자리를 만들어준 나폴레옹 황제와 프랑스의 영광이 그리울 뿐이다.

도덕 및 정치학 아카데미는 다음 질문에 대한 답을 내놓는 자에게 상을 줘야 할 것이다. "다음 중 최상의 국가는 어떤 국가인가? 적은 공무원으로 많은 일을 하는 국가인가, 아니면 많은 공무원으로 적은 일을 하는 국가인가?"

이것이 우리의 마지막 결론이다. 예산이 걸린 만큼 심각하다. 간단해 보이면서도 복잡하다. 넘어져 다칠 위험이 많은 이곳에, 이 구멍에, 이 심연에, 이 화산에 그래도 등잔을 놓아야 한다. 그 등잔의 이름은 '합헌적 정치 지평'이다.

제안

공화국 제도와 기관으로 둘러싸인 왕의 권좌를 우리에게 약속한 바 있으시니[IV], 코르므냉 씨는 공화국 시절의 공무원 숫자와 그 할당에 대한 보고서를 제출해주시기 부탁드립니다.

IV   1830년 7월 혁명으로 들어선 입헌군주제를 뜻한다.

작품해설

발자크, 공무원 사회의
살갗을 벗기다

류재화

생리학Physiologie과 물리학Physique은 철자가 엇비슷하다. 이 단어가 문학에서 주요하게 쓰인다면 신선하나 심각한 함의가 있다는 의미일까? 서정적 관념론을 파괴하는 강력한 사상의 다이너마이트일까? 이런 과학 용어가 프랑스 문학에 하나의 알레고리로 등장한 것은 18세기에서 19세기로 이어지는 격동의 시대사와 무관하지 않다. 극단적으로 말하면 문학에는 두 가지 길이 있고, 두 가지 유파가 있다. 19세기 사실주의 작가 모파상의 소설에도 나오지만, '두 친구'는 평화 시에는 함께 흐르는 강물을 보며 낚시의 기쁨을 누리다가 전쟁 시에는 아주 미세한 차이로 갈라설 수 있다. 이것이 프랑스 19세기의 압축적인 초상화라면 초상화다. 두 가지 유파란 하나가 "서정적이고 낭만적이며 명상적이고 관조적인 일종의 관념 문학"이라면, 다른 하나는 이런 "만가挽歌조차 읊조릴 여유가 없어 속도전을 방불케 하는 간명하고 행동적이며 공상이나 망상을 절대 허락하지 않는" 그야말로 '리얼'한 문학이다.

19세기 어느 풍자화에서 발자크의 동상 앞에서 거수경례를 하는 에밀 졸라를 볼 수 있는가 하면, 빅토르 위고의 동상에 밧줄을 묶어 끌어내리는 에밀 졸라도 볼 수 있다. 이것이 편협하고 악의적인 풍자라 해도, 두 유파의 갈림길을 단번에 이해하는 데 도움이 된다. 프랑스 사실주의 문학의 거장 발자크의 뒤를 이어 훗날 자연주의를 개시한 에밀 졸라는 한 인간의 본질을 역사 및 사회적 환경요소에서 파악하면서도 특별히 유전형질과 생리 및 기질 면에서 면밀히 들여다보려는 시도를 더욱 집중적으로 해나갔다. 에밀 졸라는 드레퓌스 사건에 개입하면서 프랑스 사회를 완전 양분시킨 증오의 진영 논리 속에서 언론의 집중적인 포화를 맞는다.

이른바 낭만주의만큼은 프랑스가 원산지가 아니며, 이웃인 독일로부터 영향받았을지언정 프랑스 본국의 문학은 아니었다. 왜냐하면 19세기 프랑스는 18세기 말엽 일어난 프랑스 혁명의 과업을 이어나가야 하는 정치적 혼란기에다 막 태동한 산업사회의 위세에 밀려 시민혁명의 가치도, 공화적 진보주의도, 문학과 예술도 자본주의 논리에 장악당하기 시작한 시대였기 때문이다.

프랑스 혁명은 1789년에 일어난 것이 아니라 루소의 『사회계약론』이 출간된 1762년에 이미 일어났다고도 말한다. 너나 나나 우리는 모두 똑같은 자연수 1이기 때문이다. '네'가 설령 왕일지라도. 루소는 말한다. "어떠한 인간도 자기와 같은 인간에 대해 타고난 권위를 갖지 못하기에, 또 그 힘은 어떠한 권리도 만들어내지 못하기에, 인간들 사이에 남아 있는 정당한 권위의 기초는 오로지 계약뿐이다." 중세 프랑스 왕권 국가를 탄생시킨 근간 이

념이자 1,300여 년간 군주제의 그럴듯한 논거가 되었던 왕권신수설은 자연수 1로 표상되는 주권 개념에 따라 완벽하게 무너진다.

　로베스피에르의 공포정치가 절대 부패하지 않을 순수혁명의 의지를 불태웠음에도 불구하고, 급진좌파 특유의 도덕적 완벽주의에서 비롯된 오만과 적폐 청산을 완수하기 위한 단두대의 악몽 속에 그의 혁명은 절반의 성공과 절반의 실패로 끝났다. 이어 구심점 없는 5인 총재정부 체제의 혼란 속에 극적으로 기회를 잡은 나폴레옹의 운명적 쿠데타로 혁명사업은 완수되는가 싶더니, 이 절제력 없는 고밀도 욕망의 순수 결정체는 결국 제국주의의 덫에 빠진다. 나폴레옹의 실각 이후, 혁명과 혁명전쟁의 불길을 피해 타국으로 달아났던 왕가의 잔존 세력과 왕당파들은 다시 돌아와 정권을 잡았고 프랑스 사회는 다시 군주권 사회로 퇴행한다.

　오노레 드 발자크가 『공무원 생리학』을 쓰게 된 결정적인 계기는 이런 혁명의 연장선 속에서, 바로 1830년 7월 혁명으로 들어선 루이-필리프의

7월 왕조를 목도했기 때문이다. 우리에게도 익숙한 빅토르 위고의 『레미제라블』이나 들라크루아의 〈민중을 이끄는 자유의 여신〉은 1789년 혁명이 아니라 1830년 혁명을 노래한다. 사건이 사건을 불러오듯 예측 불허의 가차 없는 연쇄성으로 진행된 1789년 혁명에 비교해 1830년은 한번 뒤로 물러났다가, 다시 말해 한번 좌절했다가 다시 호흡을 가다듬어 가속도를 밟은 2차 혁명이다. 그래서인지 마치 정반합의 원리처럼, 아니 삼위일체의 절충주의처럼 자연스러운 듯하면서도 상당히 복잡미묘하고 정교한 형상을 띠었다. 보수와 진보는 S형의 갈고리처럼 서로를 무는가 하면 서로를 애무했다. 발자크는 루이-필리프의 입헌군주제를 "공화정과 군주정이 짝짓기를 하는" 형상이라고 요약한다. 스탕달이 그토록 기다렸던 1830년 혁명이 일어났지만, 루이-필리프가 아무리 루이 16세 처형에 찬성한 '사형파'였다고 하지만, 왕가 세력이 통치하는 입헌군주제 사회는 또 한 번의 혁명을 예고하고 있었다. 18세기에 이미 루소가 개념적으로 완성한 자연수

1 개념에 따르면 모든 국민이 투표권 하나쯤은 가지고 있어야 하는데, 프랑스 국민은 여전히 투표권을 가지고 있지 못했다. 하여, 1848년 2월 선거법 개정을 요구하는 2월 혁명이 다시 일어난 것이다.

『공무원 생리학』의 시대적 배경은 1830년 7월 혁명과 1848년 2월 혁명 사이이다. 프랑스 문학에서 '생리학' 시리즈가 대유행한 것은 1840~1842년 무렵이다. 이 용어는 이중적인 함의를 갖는데, 하나는 내용적인 면이고 하나는 형식적인 면이다. 인간 또는 인간 사회를 더는 관념적으로 설명할 수 없을 때, 이제 동물이나 식물의 분류법처럼 인간 또는 인간 유형을 과학적 연구 대상으로 삼아 분석할 수밖에 없다는 것이다. 인간은 그 나름의 생존방식에 따라 생리적 기질대로 살아간다. 한편 '생리학'은 일정한 출판물 형식이기도 하다. 팸플릿처럼 그다지 두껍지 않은 비교적 작은 판형이며 인간을 유형적으로 분류하여 표와 도식을 만들고 삽화를 통해 그 인물 유형의 생리를 쉽게 이해할 수 있게 한다. 서술 역시나 무미한 감정을 실어 싸늘하게 말하지만,

이것이 도리어 웃음을 불러일으킨다. 그런데 이 웃음은 익살스러우면서도 차가운 웃음이다.

그리스어로 살갗을 의미하는 'sarx'에서 파생한 'satirique'(풍자시, 풍자문학)는 인간의 살갗을 벗길 만큼 가혹하고 철저하다. 조롱 가득한 비속시이면서 인간의 위선을 벗겨 정신적 태형을 가하는 쾌감마저 일으켜야 한다.

『공무원 생리학』의 태형은 첫 문장부터 시작된다. "공무원이란 무엇인가? 어느 직급에서 시작해서 어느 직급에서 끝나는가?" 이 문장이 겨냥하는 궁극의 과녁은 바로 프랑스 국왕이다. 공무원 사회의 위계질서에서 맨 아래에 관공서 건물 수위가 있다면 맨 위에는 국왕이 있다는 것이다. 절대왕정 체제가 아닌 입헌군주 체제에서 군주는 건물 수위나 도로 인부, 산림 감시원처럼 국가 세비를 받는 공무원에 불과하고 이제 국왕도 일정한 법의 감시망 아래에 있어야 한다는 것을 확고하게 명시하면서 "돈 이외에는 아무것도 믿지 않고 세법과 형법에 의해서만 존재하는" 나름 이상적 사회인 공무원 사회가 태동한다.

발자크가 『공무원 생리학』을 쓰기 전 이른바 선행연구로 삼은 것은 바로 코르므냉 씨의 『세비에 관한 문건』이다. 그가 1831년 세비 목록과 그 정책을 다룬 책을 미리 출간해주었기에 세비 개념이 널리 인식되었다고 발자크는 그의 공을 치하한다. 국가 예산 문제를 처음 제기하고 국가 예산 운용이 곧 정치이며, 더 나아가 "정치라는 몸을 순환하는 혈액"(『기자 생리학』에서도 코르므냉 씨는 언급될 것이다)이라는 것을 강하게 인식시켜준 사람이 바로 코르므냉 씨라는 것이다. 그러나 뒤끝 있는 발자크는 그의 문체만큼은 불만이다. 제법 미사여구를 쓰고 수사어를 썼지만 학술투라 무겁고 지루하다는 것이다.

발자크는 코르므냉 씨가 하지 못한 것을 자기가 해보겠다고 나선 듯하다. 코르므냉 씨의 논거를 스프린터 삼아 발자크는 그야말로 단거리 선수처럼 훨훨 날아가며 글솜씨를 뽐낸다. "아, 알겠다! 알겠어!" 코르므냉 씨의 글에서 분명하게 통찰하고, 강렬하게 느낀 것을 초발심의 강도로 다시 불을 붙이듯 속도감 있게 씀으로써 전혀 지루하지 않게 쓰고 있다.

그런데 과학 논문 형식을 차용한 책의 구성 방식에 순진하게 속으면 안 된다. 논문처럼 정의를 제시하고 명제를 밝히는가 하면 잇달아 파생명제를 제시한다. 이런 형식을 조롱하듯 유희하면서 동시에 독자에게 선명하고 효과적인 메시지를 전달하고 있으니 일석이조이긴 하다. 자못 진지한 분류법으로 공무원을 파리 공무원과 지방 공무원으로 나누는가 하면, 지사와 공무원, 지사와 정치인의 차이를 세심하게 구별한다. 군인과 공무원을 구분하기도 하고, 공무원에서 정치인이 되어가는 과정을 단계별로 폭로하며 공무원 사회 내의 온갖 직급 체제가 갖는 비극성과 희극성을 속속들이 하나도 빠짐없이 묘사한다. 정원 외 임시직, 발송계원, 사무서기, 차장, 국장, 실장 등 이 행정기계의 톱니바퀴들은 각자 자기 위치에서 자기 생리로 돌아가는 거대한 장치이다. 공무원 사회가 어떻게 비대해져 가는지 일견 산업사회가 발전하면서 분화된 직업 세계를 낳고 이것이 문명적 진보인 양 환각을 주면서도 내부적으로는 사회가 어떻게 퇴보하고 비효율적으로 변해가는지 일거에 보여주고 있다.

특히, 발자크가 공들여 묘사하는 시시콜콜한 요소들은 '생리학'이 일화적인 현실 세계 또는 구체적인 인간 개별자의 삶보다 그것이 갖는 공통적 속성, 즉 보편적 속성을 간파하는 데 더 관심이 있다는 것을 드러낸다. '사람' 이상으로 '사물'에 집중하는 것도 그래서다. 구체성보다 추상성이 어떤 사안이나 현상이 지닌 속성을 응축하여 보여주기 때문이다.

하여 아무개 씨는 현실의 아무개 씨가 아니라 발송계원 아무개 씨이고, 국장 아무개 씨이고, 실장 아무개 씨이다. 공무원이 일하는 사무실 환경은 구체적인 직업적 공간이라기보다 식물 또는 동물의 서식지 같다. "공무원에게 자연은 사무실이다. 그 앞에 놓인 지평선은 경계석처럼 사방에 놓인 녹색 마분지 상자들이다." 이렇게 협소한 공간에서 서류

더미에 파묻혀 똑같은 일만 반복하는 공무원들은 결국 똑같은 정신세계를 가진 자가 되고 똑같은 기벽과 정신 질환을 앓는 환자가 된다. 이미 도입부에서 공무원을 "살기 위해 봉급이 필요한 자" "자신의 자리를 떠날 자유가 없는 자" "쓸데없이 서류를 뒤적이는 것 외에 할 줄 아는 게 없는 자"라고 명명한 후, 그 명제를 뒷받침하는 논거를 더 세밀하게 제시하고 심화하는 것이다. 논문 형식을 띤 이 짐짓 학자연하는 '학술투' 형식이 이미 웃음을 터뜨릴 폭탄을 탑재한 발사대라 할 것이다.

　우리가 상투적으로 인식하는 공무원 사회의 형식주의, 복지부동 또는 태만과 부패 등은 각 시대와 문화마다 조금씩 다르게 나타난다. 한국 사회 공무원은 어떠한가? 그런데 본질적으로는 그것이 왜 동일한지 발자크의 『공무원 생리학』을 읽다 보면 깨닫게 될 것이다. 공무원의 활동과 습성을 요약적으로 묘사하면서도 공무원이 어떻게 주조鑄造되어 나온 것인지 그 태생 원리를 완벽하게 제시하기 때문이다. 서정적 관념주의가 아니라 발자크 계열의 사실주의 문학이 프랑스 문학사에서 승리했다면, 돌의 외양만 그린 것이 아니라 돌 내부의 불타는 에너지와 그 입자들의 속성을 간파했기 때문일 것이다.

마지막으로 사족. 번역하는 동안 발자크 특유의 화법에 전염되기도 했지만, 마감일에 대한 압박감으로 다음과 같은 문장을 메모지에 재빨리 적었다.

출판사들의 마감 독촉형:
1) 자유 방임형 2) 입헌군주제형 3) 공화파형 4) 제국주의형
1)은 독촉을 안 당하니 편하기는 하나 출판사 편집부 조직과 경영 및 운영의 약점을 엿보게 한다. 2)는 계약할 때 특히 원고 마감일 엄수를 강조한다. 하여 마감을 엄수하면 편집부는 몇 달, 아니 몇 년 감감무소식이다. 그런데 어느 날 갑자기 연락이 와 편집에 긴급 돌입했다며, 출간 전 뒤에서 전속

력으로 쪼는 스타일이다. 그런데 미우면서도 밉지 않은 형이다. 3)은 늘 우아하고 친절하나 영악하여 가끔은 약속을 지키게도 만든다. "네, 편하신 대로 해주세요. 늘 건강 신경 쓰시고요" 4)는 말 안 해도 알 것이다.

그런데 신기하게도 2)와 4)형이 승부를 내는 자다! 괴롭지만 이들이 출판계를 좌지우지한다.

공무원 생리학

Physiologie de l'Employé

초판 1쇄 발행	2020년 12월 24일
초판 2쇄 발행	2022년 12월 15일

지은이	오노레 드 발자크
옮긴이	류재화
펴낸이	최용범

편집	윤소진, 박호진
디자인	김태호
관리	강은선
마케팅	김학래
인쇄	(주)다온피앤피

펴낸곳	**페이퍼로드** paperroad
출판등록	제10-2427호(2002년 8월 7일)
주소	서울시 동작구 보라매로5가길 7 1322호
이메일	book@paperroad.net
페이스북	www.facebook.com/paperroadbook
전화	(02)326-0328
팩스	(02)335-0334
ISBN	979-11-90475-36-5 (03330)